超级沟通力

让你的说话方式更走心

熊久剑◎著

经济管理出版社

ECONOMY & MANAGEMENT PUBLISHING HOUSE

图书在版编目（CIP）数据

超级沟通力：让你的说话方式更走心/熊久剑著 . —北京：经济管理出版社，2018.11
ISBN 978-7-5096-6111-6

Ⅰ.①超… Ⅱ.①熊… Ⅲ.①人际关系—口才学—通俗读物 Ⅳ.①C912.13-49

中国版本图书馆 CIP 数据核字（2018）第 241950 号

组稿编辑：丁慧敏
责任编辑：丁慧敏　张广花
责任印制：黄章平
责任校对：张晓燕

出版发行：经济管理出版社
　　　　　（北京市海淀区北蜂窝 8 号中雅大厦 A 座 11 层　100038）
网　　址：www.E-mp.com.cn
电　　话：(010) 51915602
印　　刷：三河市延风印装有限公司
经　　销：新华书店
开　　本：720mm×1000mm/16
印　　张：12.75
字　　数：188 千字
版　　次：2018 年 12 月第 1 版　2018 年 12 月第 1 次印刷
书　　号：ISBN 978-7-5096-6111-6
定　　价：45.00 元

前　言

　　每个新生儿呱呱坠地时，他们从母亲温暖黑暗而又安静无声的环境中，来到这个微凉嘈杂的世界上，所以他们感到猝不及防，受到惊吓马上哭起来，也以此宣告自己的到来。此后的每一天，婴儿都在倾听着各种声音，有父母的说话声，有各种东西碰撞和摩擦的声音，有汽车的鸣笛声，也有天籁般的声音……这些声音交错着，给婴儿的听觉带来持续的刺激。在倾听各种声音的过程中，婴儿也在坚持学习发声，几个月后他们就会发出无意义的音节，等到六个月之后，有些婴儿还会发出类似于"baba"的音节，让年轻的父母们欣喜若狂。

　　听着对话声，孩子们不断地成长，也在与人不断的沟通和交流中成熟起来。等到走出家庭，走入社会，每个人更是每天都要用语言与形形色色的人打交道，不断地接收信息，也往外传递信息，从而实现与外界的良好互动。正是因为每个人每天都要与他人进行对话，也以对话为最重要的沟通方式，所以对话反而像空气一样，被人们所忽略。在此我们不妨进行简单的设想：假如有一天，突然没有了空气会怎样？假如有一天，我们不能再以语言与他人进行沟通会怎样？结果简直难以想象，因为沟通不但是信息的传递过程，更是我们与他人展开交往的重要方式之一。

　　从心理学角度进行分析，在沟通过程中人们一问一答的交流形式并不是最重要的，反而流动在人与人之间的均衡力量才是保持人际关系良性健康发展的重点所在。尤其是当与他人意见相左的时候，假如我们能够成功地说服他人，让他们采纳我们的意见，一切进展就会更加顺利。当然，说服并非是件简单的事情，必须要能够以情动人、以理服人，才能最大限度地打动他人的心。

古代兵法中，流传着"攻城为下，攻心为上"的战术，这说明在残酷的战争中，要想成功赢得战争，不能只使用蛮力，而是要先让敌军军心涣散，战争才能获胜。历史上赫赫有名的"霸王别姬"，在四面楚歌之中，项羽的队伍军心已经溃散，所以霸王才会落得悲惨的下场。古人云："一鼓作气，再而衰，三而竭"，告诉我们在战场上凝聚军心的重要性。其实不管是鼓，还是楚歌，其实都是一种语言，都起到震撼人心的作用。如果我们掌握沟通的艺术和技巧，拥有超级沟通力，让语言起到震撼人心的作用，那么我们的语言就会成为利剑，拥有不可估量的力量。

当然，在人际沟通的过程中，一味地夸夸其谈、口若悬河，不是真正善于沟通的人，也并不具备真正的力量。所谓的沟通强者，更善于倾听，也能够在表达的时候字斟句酌，字字珠玑，把语言组织到最好，发挥其最强大的力量。不要觉得默默无语者就不善于沟通，也不要认为滔滔不绝者就很善于运用语言。归根结底，语言的魅力在于它所产生的效果，气势固然重要，但最终的沟通结果更具有代表性。

当然，好口才并不是与生俱来的，每个人要想在人际沟通的过程中发挥实力，就一定要在后天成长的过程中不断地积累知识，让自己博学多才，这样才能拥有谈话的素材；还要在人际交往的过程中不断地提升自己的心理素质，让自己在慌乱的时刻依然能够保持镇定，从容自若，这样就能在危急时刻略胜一筹；还可以找各种机会锻炼自己的语言表达能力，如主动当众演讲、积极与他人攀谈以及和陌生人搭讪，这些都能循序渐进地提升我们的语言表达能力，帮助我们在语言方面取得突飞猛进的进步。

此外，还要了解人际沟通的原则和禁忌问题，从而取长补短，扬长避短，在人际沟通中有更出色的表现。总而言之，人心是这个世界上最复杂的东西，人与人之间的沟通，因为要实现心与心的互动，所以难度变得更大。我们必须慎重对待沟通，卓有成效地调整沟通的思路，有的放矢地使用沟通技巧，真正做到把话说到他人的心里去，我们要拥有超级沟通力，为自己的人生助力。

　　你会说话吗？当然会！你真的会说话吗？也许还不会……很多朋友误以为自己在一岁前后就学会了说话。但长大成人后，人们渐渐地成熟，才发现自己原来并不是那么善于表达。既然如此，就要更加谦虚，常怀空杯心态，要卓有成效地提升自己的沟通力，让自己成为社交达人。

目　录

第一章　沟通从心开始

生活中，每个人都要与形形色色的人打交道。尤其是在现代社会，人脉资源已经成为最重要的资源之一，很多人都意识到要想在事业上有所建树，在生活中一帆风顺，就必须建立良好的人际关系，尤其是要学会与形形色色的陌生人打交道，这样才能卓有成效地扩大人际交往的圈子，让人脉资源发挥重要作用，成为人生中不可或缺的资本。

●●伸手不打笑脸人，有礼貌才有好的开始●●

礼貌是人与人之间相处的敲门砖，面对一个讲礼貌的人，人们即使不那么情愿，也不会给予对方太多的难堪。要想与陌生人相处，我们就要讲礼貌，所谓伸手不打笑脸人，当你对他人讲礼貌，展现出笑容时，他人自然不会抗拒你。这样一来，你与他人的交往也就有了良好的开始。

现实生活中，有哪些礼貌用语呢？诸如"您好""谢谢""对不起""再见"等，是最基本的礼貌用语，会在人际交往中起到润滑剂的作用，从而让人际交往更加顺畅，进展更加顺利。现代社会是文明社会，人人要讲礼貌，因为这样才能最大限度地与他人搞好关系，尤其是对于初次见面的陌生人而言，更要以礼貌打头阵，以笑容作为最好的修饰，这样才能得到他人友好的对待。

讲礼貌不仅对人的生活产生至关重要的影响，对人的职场生涯也影响深远。很多初出茅庐的大学生总是眼高手低，初入职场时没有谦虚的心态，反而总是摆着一副自以为是的样子。实际上，这样的自以为是对职业生涯没有好处。新人还有可能因为不苟言笑、不懂礼貌，导致根本无法顺利地融入到集体生活中。作为新人，谦虚低调是必须的，经常面带微笑，虚心向老同事求教，更要把礼貌放在前面，这样新人才有机会和老同事相处，从而得到老同事的真心指点和帮助。

很久以前，有一个贵族去森林里打猎，因为追逐猎物，他耽搁了很长时间，等到想要折返的时候，天色已经渐渐晚了。贵族很着急，因为他只顾着追逐猎物而迷路了。在这种情况下，贵族行色匆匆地朝着森林的边缘走去。但是，他不知道自己的方向是否正确。贵族策马扬鞭，走了很远都没有看到森林的边缘，正当他心急如焚的时候，看到有个老汉在前面慢吞吞地走着。

贵族赶紧追上去，想要询问老汉如何才能走出森林并找到住宿的地方。贵族冲到老汉面前，并没有下马，而是在马背上对着老汉大声地喊道："嘿，老头，往哪里走能走出森林，找到投宿的地方？"老汉头也不抬，就用手指了指前面。贵族又问老汉："要走多远？"老汉这次就像没听见一样，连手指都懒得动弹。

贵族骑着马扬长而去，然而，眼看着天就要黑了，他仍旧在森林深处打转。贵族很是气恼，气那个老汉没有告诉他详细的路，此刻他有些紧张，担心万一天黑下来，森林里会有凶狠的野兽出没，那时又该怎么办呢？思来想去，贵族只好骑着马返回去找老汉，他想：既然老汉能慢吞吞地往前走，就一定知道前面有住宿的地方，否则他怎么不着急呢！贵族虽然不懂礼貌，但还是很聪明的。往回走了没多久，他就看到了老汉。这次，他远远地就下了马，然后满脸堆笑、毕恭毕敬地问老汉："老伯，请问您，这附近有没有地方可以投宿呢？"老汉抬头看了贵族一眼，似乎对于贵族这次的态度还比较满意，因而和颜悦色地说："这里没有可以投宿的地方，不过我在前面有间小木屋子，是每次来打猎的时候住的。你要是不嫌弃，就和我一起去住一个晚上吧！"贵族感激涕零，对老汉说了很多感谢的话。到了小木屋，老汉还把自己捕捉的野兔烧烤之后和贵族共进晚餐。

在这个事例中，贵族第一次问路的态度非常不好，不但没有下马，而且还对老汉颐指气使，为此老汉只是为贵族指了指方向，就再也不愿意搭理贵族。贵族在策马疾驰一段路之后，意识到自己既不可能在天黑前走出森林，也不可能在天黑前找到住宿的地方。无奈之下，只好再回头去向老汉求助。这次，贵族吸取了前一次的教训，在距离老汉还有一段路的时候就从马背上下来，并且对老汉说话毕恭毕敬，不再是居高临下的态度。老汉知道贵族已经意识到错误，所以并未对贵族不依不饶，而是原谅贵族，还邀请贵族去他打猎的小木屋中同住。由此可见，一个人要想他人如何对待自己，自己首先就要想好如何对待他人。如果总是对他人颐指气使，那么必然无法得到他人的尊重和善待。

人是群居动物，不管是在生活中还是在工作中，每个人都生活在人群之中，都要与各种各样的人打交道。只有学会与他人交往，我们才能更好地立足人世。如果我们态度恶劣，不懂礼貌，也不懂得以笑容面对身边的人，日久天长，必然会让自己陷入困境而无法自拔，也会导致人生面临很大的困厄。总而言之，懂礼貌是做人的基本原则，也是为人处世必须具备的素质。

沟通艺术：当你微笑对待他人时，他人必然不会给你脸色看。因而对于每个人而言，最好的妆容就是笑容，最好的语言就是礼貌用语。不管面对的是陌生人还是熟悉的人，我们都要把礼貌作为基本的待人原则，因为唯有尊重和理解他人，才能赢得他人的尊重和理解，从而让人际关系顺利进展。

●●不要"不好意思"，抓住最佳时机●●

生活中，有些人在面对很多尴尬状况时，他们漠然置之，即使遭到他人的质疑和否定，也不以为然。然而，有一些人却恰恰相反，他们面对窘境总是非常羞涩，也不知道要如何做才能做到不卑不亢、落落大方。实际上，"不好意思"只是每个人给自己找的借口而已，只有内心胆怯、不敢勇敢面对的人，才会畏畏缩缩，眼睁睁地看着千载难逢的好机会从自己的眼前溜走。

现实生活中，有很多人抹不开面子。这并非是因为别人对待他们太苛刻，而是因为他们不敢勇敢地面对自己的内心，在遇到各种困境的时候，就会为自己找借口逃避。对于不好意思的人而言，他们在生活中常常面对很多困境，例如，他们明明想做一件事情，因为不好意思而耽搁；遇到喜欢的女孩，想借机搭讪，因为不好意思而错过机会；在各种利益面前，想要为自己争取，因为不好意思而无法把话说出口，还因为错失利益而懊悔万分……最终，不好意思的人错过了很多应该得到的机会和利益，但却并没有感受到"赠人玫瑰，手有余香"的快乐，而是陷入无边的懊恼之中，怨恨自己在必要的时候为何没有积极主动地出击。

这个世界上是没有后悔药可卖的，即使非常懊恼，也于事无补。面对心底里涌现出来的"不好意思"，如果你真的没有更好的选择，退缩也只是权宜之计，那么就要勇敢地告诉自己："向前，向前，再向前！"如果你真的被"不好意思"束缚住，你就要知道等着你的必将是更加懊恼的未来。有史以来，越是千载难逢的好机会，越是转瞬即逝，错失机会的人根本没有办法挽回，这会给人生带来莫大的损失。我们每个人都要弄清楚，人生没有回头路可走，更没有太多的机会可以去把握。既然如此，对于千载难逢、转瞬即逝的好机会，一定要毫不犹豫地伸出手去。还有些朋友对于事情原本就缺乏信心，再加上不好意思，因而更加犹豫不决。其实，很多事情如果不真正去做，根本不会知道结果如何。也有一些事情只有在做的过程中不断地推进，让情况发生及时的变化，才能"山穷水复疑无路，柳暗花明又一村"。

一个周末，小林在和朋友一起逛电脑城购买电脑时，看到了一个让他怦然心动的曼妙身影。为此，小林还专门跑到女孩的正面去看，希望能够看到女孩的正脸。果然，女孩面目清秀，皮肤白皙，是小林喜欢的类型。小林跃跃欲试，想上前去搭讪。但是因为不好意思，他迟迟未能展开实际行动，只是犹豫着。

这时候，和小林一起买电脑的同事张开激励小林："兄弟，赶紧上前搭讪啊，我只能再给你留出三分钟的时间，如果三分钟之内你不能去搭讪，我就要行动起来。到时候，你眼睁睁地看着我抱得美人归，可不要生气啊。"小林很紧张，他觉得自己心跳加速，额头冒汗，简直不知所措。就在小林犹豫不决的时候，张开主动上前去搭讪。让小林万万没想到的是，这个看似高冷的美女，实际上非常友善和气，对于张开的搭讪丝毫不反感。小林就这样躲在角落里，看着张开和女孩相谈甚欢。后来，张开还与女孩互相留了电话。最终，张开与女孩进展顺利，彼此好感顿生，成功地走入了婚姻的殿堂。

还有一个事例：

很久以前，有个哲学家非常善于沉思，总是长时间地、全神贯注地思考哲学问题，也的确在哲学领域取得了一定的成就。有一次，哲学家去参加宴会，在宴会上，一个长相甜美、气质不俗的女孩走到哲学家面前，对哲学家说："您是一位伟大的哲学家，我很钦佩您，我愿意嫁给您做您的妻子，您愿意吗？"哲学家看到女孩的第一眼就觉得很惊艳，然而事出突然，他无法在第一时间里就给女孩答案。为此，他沉思片刻对女孩说："请你给我一些时间想一想，然后再给你答复，好吗？"

哲学家回到家里之后，茶饭不思，陷入沉思，也采取辩证唯物主义的方法从各个方面分析了自己与女孩之间是否真的合适。哲学家想得很周到，甚至还想到自己如果和女孩在一起生活，未来的孩子会长成什么样子。最终，哲学家决定要接受女孩，和女孩在一起。他兴致勃勃地敲开了女孩的家门。女孩的父亲打开门，哲学家迫不及待地对老人说："您好，我同意娶您的女儿为妻。请您告诉她这件事情，我们现在就可以举办婚礼。"不想，老人告诉哲学家："我的女儿早就已经结婚了，而且还有了三个可爱的孩子。"哲学家这才恍然大悟，原来他花了十年的时间才确定是否要和这个女孩结婚。面对这样的噩耗，他无法承受，回到家里就结束了自己的生命。

在上述两个事例中，第一个事例中的小林因为犹豫不决、羞怯，错过了和喜欢的女孩搭讪的机会，给人生留下了难以挽回的遗憾。在第二个事例中，哲学家则是面对一个非常优秀的女孩向自己求婚，却不能勇敢接受，因为迟疑不定，也晚了三秋，导致错过了人生中最好的姻缘。如果说小林是因为不好意思，那么哲学家是因为什么呢？虽然哲学家善于思考，但是不好意思，所以他才会在女孩的主动追求下退缩。

很多事情都是经不起等待的，越是看起来千载难逢的好机会，越是会在人们不经意间就悄然流逝。现代社会，生活的节奏越来越快，工作的压力越来越大，每个人一定要调整好心态，也要让自己努力向上，才能最大限度地给予人生无限的可能性。记住，世上是没有卖后悔药的，一旦错过，也许不仅是错过一件事情，还有可能错过半生，甚至是一生。做人，一定要有坚决果断的勇气，在该出手的时候绝不退缩，真正勇敢地激发出自身的所有力量，从而在人生的旅途中走得更快、更好，绝不因为懊丧而回头。

沟通艺术：别不好意思，有的时候，也许只有"厚脸皮"，你才能在人际关系中占据主动，经营好你的人际关系，使自己在社会交往中勇往直前，无往不胜。记住，要想在人生之中做出成就，就绝不要退缩，更不要在人生的道路上迟疑，特别是当面对各种各样的选择时，必须更加坚定不移，抓住千载难逢的好机会。

●●以寒暄拉近与他人之间的距离●●

很多人害怕与陌生人交往，实际上，陌生人也是有血有肉的人，而不是无情无义的冷血动物。要想更好地与陌生人相处，最重要的是学会寒暄，恰到好处的寒暄能够帮助我们拉近与他人之间的距离，从而打开他人的心扉。

什么是寒暄呢？简言之，寒暄就是人们常说的"无话说三句"，也就是没话找话说。很多朋友都会有这样的感受，那就是在面对陌生人的时候，往往会觉得没什么话可说，也因此而与陌生人相对两无言，陷入尴尬的沉默境地。其实，如果能够抓住机会，找到合适的话题与他人寒暄，就能够打破坚冰，让人际交往的难题迎刃而解。

寒暄就像是一缕缕春风，让人与人之间原本尴尬、冷漠的关系得以化解；寒暄也像是一丝丝暖阳，让人与人之间的情感升温。与陌生人寒暄，可以瞬间拉近彼此之间的距离，让陌生人敞开心扉；与熟悉的人寒暄，可以联络感情，让彼此之间更加认可，同时建立良好的人际关系。总而言之，寒暄是放之四海而皆准的，适度的寒暄用在正式的商业谈判之前，也能增色不少。可见，每个人都要学会适度寒暄，这样才能在人际交往中占据主动。当然，寒暄也要真诚，要真正打开心扉，让寒暄中带着真诚和友谊，从而起到积极有效的作用。

小马是一名导游，经常要带团四处出行。最近，小马因为身体原因没有跑长途，而是带起了在本地进行的一日游、两日游等。这一天，小马开始了既定的行程，来到一辆坐满游客的一日游大巴上。看着大巴中的人群，小马感到非常着急，因为大多数报名参加一日游的游客，都是外地游客，而此时外面正在下雪，道路湿滑，导致行程困难。

思来想去，小马想出一个很好的办法。他故作轻松地对游客们说："大家好，我是大家本次行程的导游马新城，大家可以叫我小马。首先我要恭喜大家，因为大家非常幸运，能够见证'北国风光，千里冰封，万里雪飘'的美景。要知道，很多人梦寐以求，都看不到这样的风景呢！"听小马说完，大家都哈哈大笑起来。小马感到气氛变得轻松起来，接着说："当然，我也很荣幸能够带着大家一起欣赏这难得的美景。接下来，我们将会一起度过美妙的时光，希望这一天的时间能够给我们彼此留下美好的印象。当然，大家来到北京旅游，除了想看到北京的美景之外，也一定想了解北京的历史背景和文化风俗。不管大家有什么疑问，都可以提问我，我一定知无不言，言无不尽。接下来，谁来提问呢？"就这样，在小马的带动下，现场的气氛越来越热烈，很多游客积极踊跃地对小马提出了很多问题，不知不觉就到达了此行的目的地。

在这个事例中，行色匆匆的游客面对突降大雪的天气，内心深处一定感到非常焦虑，也因为担心延误行程而忧心忡忡。小马作为导游很会察言观色，能够在第一时间体察到游客的情绪，最大限度地调节现场的气氛，给在座的每一个人吃下定心丸。与此同时，小马还以欢迎游客提问的方式，有效缓解游客的烦躁心理，转移游客的注意力，最终让游客不知不觉间就到达旅行目的地。

日常生活中，很多人在面对陌生人的时候，会感到非常紧张，甚至说不出话来。实际上，只要把握寒暄的节奏，发挥寒暄的技巧，先说些无关紧要的话拉近与对方的距离，再切入主题就会显得更加容易。大多数交谈是从寒暄开始的，也可以说寒暄能够卓有成效地帮助人们之间建立语言交流。适度的寒暄能够让陌生人之间瞬间拉近心理距离，让原本就熟悉亲切的朋友之间关系更加亲密，还可以让原本如同冰封一般的气氛调动起来，变得轻松而又活跃。这些因素，都能够让接下来的聊天更加和谐融洽，更加事半功倍。

沟通艺术：寒暄有很多种方式，最好的方式是从对方的角度出发，说些对方感兴趣的话题，这样才能在第一时间吸引对方的兴趣，让对方的谈兴由淡转浓。寒暄既可以以问候的方式进行，也可以以赞美、感谢等话为由头，或者如果事先没有好的谋划，还可以根据具体情形的启发进行即兴寒暄。只要寒暄的人足够真诚、友善，寒暄总会达到预期的效果，也能让人际关系事半功倍。

●●适度关心，给他人带来温暖●●

关心就像冬日里的一把火，能够给人带来温暖。适度的关心，是人际关系的润滑剂和催化剂，没有人会拒绝他人的关心，也没有人会因为他人关心自己而与他人反目成仇。

伟大的人际关系学大师戴尔·卡耐基曾经说过，一个人要想赢得他人的关注和协助，就要首先真正关注他人。从人性本能的角度来说，每个人都希望得到他人的关心和关注，如果这方面的情感不能得到满足，人们就会觉得非常被动，内心也会觉得很空虚。就这个角度而言，每个人都应该以礼貌的语言与他人搭讪，适度表现出对他人的关心，在他人遇到困难的时候，还需要主动表达自己的关切之意。唯有如此，才能建立良好的人际关系，在与他人的交往中占据主动，让自己变得更加从容。

在现实社会中，经济的快速发展让每个人的生存压力越来越大，生活的节奏也越来越快。在这种情况下，人心未免浮躁起来，如果一个人不能主动关心他人，也就无法在人际交往中为自己赢得一席之地。尤其在职场上，人际关系错综复杂，我们更要积极努力，才能最大限度地打开心扉，以真诚和尊重对待他人，同时得到更好的对待。这样的人生，才会更加广阔。

最近，小雨接到主编的任务，要去采访一系列的企业家。然而，在这些企业家中，有的配合小雨的采访，有的却对小雨的采访不以为然，还说小雨的采访耽误了他们的宝贵时间。在被拒绝几次之后，小雨都有心理阴影了，不知道自己要怎么做。

一天，小雨按计划去采访一位大企业家。这位大企业家非常忙，此前好几次都拒绝了小雨的采访请求，这次经过好几次事前预约，这位老总才答应腾出时间来接见小雨。第一次见面，小雨和企业家的相处还算友好，不过因为时间有限，只说了一些皮毛的问题，因此小雨和企业家约定再找时间进行深入采访。就在准备告辞的时候，小雨看到秘书进来对企业家说："张总，过段时间歌星×××巡回演唱会的门票没有买到，我托了很多人都没有办法。"听到×××歌星的名字，小雨说："您喜欢×××？"企业家无奈地说："不是我，是我的女儿，典型的'粉丝'，不管有任何风吹草动都要跑在前面去支持的，我倒是觉得去现场看还不如在家里电视机前看得清楚呢！"小雨笑着说："感觉是不一样的，尤其是对于粉丝而言，近距离接近歌星，会心潮澎湃。"从企业家那里告辞之后，小雨马上联系自己的弟弟。原来，小雨的弟弟曾经和这位歌星是同门师兄，弟弟当即答应给小雨尽快买到一张门票。三天后，小雨把一张贵宾席的演唱会门票交给企业家，企业家觉得震惊，也非常惊喜。就这样，企业家把门票给了女儿，当即把安排比较晚的采访活动提前，而且在采访过程中对小雨的提问更是知无不言，言无不尽。

在这个事例中，小雨之所以能够打动企业家并和企业家产生良好的互动，是因为她很细心，知道企业家的女儿喜欢某歌星，所以当即联系弟弟为企业家弄到最好位置的门票。众所周知，每个人都把孩子看得非常重要，企业家也是如此。小雨投其所好，恰好打动了企业家，因而在与企业家相处的时候，才会更加积极主动，最大限度地搞好与企业家之间的关系。

关心就像是站在空旷的山谷里呼唤，是有回音的。你给予他人怎样的关心，就会得到怎样的回报，就像春天里在泥土中种下一粒种子，总是会种瓜得瓜，种豆得豆。在这个世界上，要想拥有良好的人际关系，要想让自己的人生变得更加温暖，我们就要学会付出。唯有不断地付出，我们才能赢得回报，也才能得到他人同样的关切与爱。当然，关心必须是非常真诚的，而不要虚情假意。虚情假意的关系总是会被他人识破，所以每个人都要真诚地关心他人，这样才能得到他人的尊重和关爱。关心就是良好的互动，容不得掺假，更容不得虚伪。

沟通艺术：凡事皆有度，过度犹不及。需要注意的是，关心他人也要讲究适度，而不要过分热情。人际交往是有原则的，既不要过于亲密，也不要过于疏远，唯有保持适度的原则，才能最大限度地经营好人际关系，真正以关心来温暖他人。

●●找到对方感兴趣的话题●●

对于一个不感兴趣的话题，你愿意和他人展开交流吗？当然不愿意，因为你对于话题本身不感兴趣，那么也就间接地对于说话的人不感兴趣。每个人要想成功与他人搭讪或者展开交流，就要找到对方感兴趣的话题，这样才能打开他人的心扉，进而打开他人的话匣子，让他们愿意与你交流。

面对陌生人，很多人都会感到头疼，这是因为他们不知道应该与陌生人谈论什么话题，也生怕自己一句话说不好，就会让他人陷入困境。在这种情况下，如果能够找到对方感兴趣的话题，自然可以让对方谈性大发，也会第一时间激发起对方交谈的欲望。不得不说，找准话题是很重要的。

也许有朋友会说，"我不知道陌生人对什么话题感兴趣"。的确如此，我们谁也不是谁肚子里的蛔虫，不可能完全了解他人的想法，更不可能知道对方对哪些问题感兴趣。在这种情况下，与其一味地揣测对方的心思，不如静下心来观察对方。观察得越细致，就越容易一语中的，激发起对方谈话的欲望。当然，也不要带着先入为主的思想，可以以开放性的问题进行提问，从而让对方说得更多。在此过程中，一个真正优秀的沟通者，会尽量倾听对方，从对方的话里捕捉蛛丝马迹，这样才能聆听对方的心声，知道对方所思所想。

大学毕业后，小童进入一家化妆品公司工作，因为初入公司，所以她没有什么资源，只能每天拎着化妆品去进行陌生拜访，开展推销。

有一个周末，趁着某个小区人多，小童带着展架，来到小区里做社区推广活动。一开始，小童不知道如何与人聊天，每当有人来看化妆品的时候，小童就问："您好，需要购买化妆品吗？"这样一来，看化妆品的人就会离开。小童很纳闷，不知道自己哪里说错了。这个时候，正好有一位年轻的妈妈带着孩子来看化妆品，小童被漂亮得如同洋娃娃一样的小女孩吸引住了，情不自禁地赞叹道："这娃娃真漂亮，就像混血儿一样。她是混血儿吗？怎么这么白呢？"听到小童的话，年轻的妈妈忍不住笑起来，很亲切地和小童说："她不是混血儿，因为她爸爸长得比较白而已。"小童说："真的很像混血儿，眼睛大大的，头发还有些蜷曲，最关键的是皮肤白得发亮，等长大了，根本不用美白啊！"听了小童的话，妈妈更高兴了，还主动拿起一瓶化妆水问小童："这瓶化妆水效果如何？"小童就这样和年轻妈妈攀谈起来，后来，年轻的妈妈买了一整套化妆品，高高兴兴地离开了。

小童突然间意识到，正是因为她赞美了小女孩，让妈妈很开心，才会乐意与小童攀谈。后来，小童因人制宜，针对不同的客户说不同的话，这样小童一个下午就销售出去好几套化妆品，还结识了一些准客户。

在这个事例中，小童一开始不知道如何和客户沟通，而是直截了当地问客户是否需要购买化妆品，后来，小童无意间赞美了漂亮的小女孩，由此与女孩的妈妈顺利展开交谈。实际上，为人父母者都知道，每一位父母最感兴趣的话题就是孩子，尤其是那些年轻妈妈们，对于孩子的一举一动甚至任何微小的变化都感到非常新奇，每当与人说起孩子的话题时便滔滔不绝。当然，不同的人感兴趣的话题是不同的，例如，年纪大的人比较注重养生，年幼的孩子喜欢游戏,年轻人喜欢各种新鲜、时尚的事物等。

在与不同的人进行沟通时,我们一定要因人制宜,针对他人的具体情况选择他人最感兴趣的话题。这样一来,他人才会对交谈更感兴趣,也才会更加积极主动地投入交谈之中。也许有些朋友会说,面对陌生人,很难知道对方对什么话题感兴趣。如果在与陌生人交谈之前能够提前了解对方,那当然是最好的。但是,如果在与对方交谈之前没有机会了解对方,则可以通过交谈的过程,加深对对方的了解,也可以通过细致入微地观察其举动,探寻对方的喜好。这样一来,沟通才会顺利进行。

沟通艺术:每个人对于"有趣"的理解是不同的,例如,有的人觉得这个话题有趣,有的人觉得那个话题有趣。要想与他人愉快地交流,就要尊重他人的意见和想法,既要做到认真倾听他人,也要做到迎合他人的喜好,说出能够激发他人的谈兴。

●●求助他人,让他人不设防●●

人是群居动物,每个人不可能脱离人群独自生活。因为人人都有很多机会面对陌生人,所以要在生活中学会与陌生人打交道。即使是在职场上刚刚加入一家公司或者跳槽,也要学会与新上司、新同事甚至是新下属相处。在面对陌生人时,每个人最害怕的就是遭遇他人的冷待,导致自己陷入尴尬。当然,现代社会环境复杂,对于陌生人有戒备心理也是正常的。为了消除他人的防备心理,最好的做法就是真诚地求助于他人,这样他人才会敞开心扉,对我们不设防。

人有很多本能,好为人师就是人的本能之一。不管是成功者还是平庸者,只要有机会,人们总是愿意发挥自身的优势,给予他人更多的指导。如果能够抓住人的这种心理特点,看准机会向人求教,哪怕此前他人对你而言纯粹是陌生人,但在你求教的那一刻,你会马上得到对方热心的解答和热情的帮助。没有人会拒绝一个虚心向自己求教的人，如此一来，我们与陌生人之间的攀谈，自然就有了最好的开始，也可以顺利地进行下去。

对于销售人员而言，大多数人都曾经历过陌生拜访，也不止一次被他人拒绝，或者遭遇他人的白眼和冷漠。每当这时，如果能够改变策略，从抱着推销东西给他人的心态接近他人，到虚心向他人求教，给予他人更多作为老师的机会，对顾客展开指导，给顾客真诚恳切的意见，那么相信一切都会进展顺利。所以当担心自己被拒绝时，最重要的是改变心态，调整好心态，这样我们在与他人搭讪和交往时才会更顺利。很多职场新人不但智商很高，而且情商也很高。在初入职场时，他们因为初来乍到而束手束脚，不知道如何最快地开展工作，这时，他们就会怀着真心向老同事求教，结果原本高冷的老同事马上就会改变态度，对新人很认可，也愿意竭尽所能帮助新人。从本质上来说，这是因为职场新人凭着虚心求教，把自己成功推销给了老同事，所以才能得到老同事的热情相待。

销售员与客户的关系，实际上也是普通人际关系的一种。在没有转化为销售与购买的关系之前，销售员完全可以把客户当成普通的陌生人去对待，先想办法与客户搭讪，攀谈起来，这才是最重要的。

从医学院毕业后，子若当了几年的医生，后来觉得自己不适合当医生，也因为已经积累了丰富的医疗系统的人脉和资源，所以他决定下海经商。从医院辞职后，子若去了一家医疗器械公司担任业务经理。毫无疑问，虽然子若不喜欢当医生，但是一下子进入商海，成了不折不扣的推销员，这对他而言压力也是很大的，尤其是内心更需要适应。

有一天，子若在以前医院同事的介绍下，去一家私立医院推销医疗器械。到了医院，子若先去拜访该医院的医务处主任肖凌。虽然前同事提前给肖凌打过电话，但是肖凌显然已经见多了医疗器械的推销员，所以见到子若之后摆出一副非常冷漠的样子。子若很尴尬，突然，他看到肖凌的办公桌上摆着在玉龙雪山拍摄的照片，他当即说："您这张照片真漂亮，敢于挑战雪山的人都是真的勇士啊。真看不出来，您看着文质彬彬，居然还是运动健将。肖主任，去雪山一定有很多注意事项吧!"听到子若的话，肖主任马上变得非常兴奋，他笑着说:"作为男人，我觉得还是应该去征服大自然。就像人们常说的，'不去长城非好汉'，我觉得不去雪山也是人生的遗憾。注意事项很多，你有意向去吗?"子若连连点头，说:"等机会合适，我一定要去，而且要尽快去。我非常赞同您的观点，作为男人总要尝试着去征服大自然，挑战自我。其实，我以前和您是同行，也是医生，不过我的性格爱动，不喜欢安静，无法沉下心来当医生，后来才改行的。我觉得，当医生除了医德高尚、技术高超之外，必须要有定力，才能全心全意对待患者。说实话，我很钦佩每一位坚持在医生岗位上的同行，也向他们致敬。"说着，子若还向肖主任竖起了大拇指。这个时候，肖主任的态度明显变得热情好多，他对子若说:"你还是同行啊，快请坐，快请坐，你不干医生真是可惜了……"就这样，子若和肖主任攀谈起来，并在交谈过程中向肖主任求教了很多问题。一个上午过去，他已经和肖主任变得很熟悉，甚至以朋友相称了。

原本，子若在肖主任这里碰壁了，虽然是医院里的前同事介绍的，但是如今到医院推销药品和医疗器械的人很多，所以肖主任对于子若感到不耐烦和排斥也在所难免。在这种情况下，子若非但没有放弃，而且还找准机会向肖主任请教去雪山的注意事项，由此打开了肖主任的话匣子，也得以找到机会介绍自己曾经也是医生。同行相见，子若与肖主任的交流才能更加顺利。

作为销售员，当然不可能在看到潜在客户的第一瞬间就向客户推销产品，否则一定会招致客户的反感。最好的做法就是先把潜在客户当成是普通的陌生人，然后在与客户交流的过程中渐渐拉近与客户之间的距离，赢得客户好感，这样才能让接下来的沟通水到渠成。当然，求教于他人的人际沟通技巧并非只适用于销售方面，在普通的人际关系中，我们也可以采取求教于人的方式，在第一时间里与他人攀谈，从而顺利打开话匣子。记住，人都是好为人师的，当我们心甘情愿地把自己放在学生的位置上求教他人，那么他人当然会扮演好"教师"的角色。

沟通艺术: 人人都好为人师，面对你谦虚真诚的请求，相信他人一定会给予你热情的帮助。哪怕他们心中对你怀有戒备，也会因为你是需要帮助的，所以会努力说服自己帮助你。这样一来，你与他人之间的关系就打破了陌生的隔阂与坚冰，因而一定会有好的开始，使得人际交往水到渠成。记住，如果怕被别人拒绝，不如就采取求教的姿态，相信你一定会在人际关系方面有好的发展，也会成为处处受人欢迎的社交达人。

第二章　读懂人性，沟通无阻

现实生活中，我们常常会遇到与他人意见相左的时候。在这种情况下，如何才能说服他人，达到我们的目的呢？强求固然是最有效的方式，却不能真正让他人心服口服，有的时候如果遇到性格倔强的人，我们会在说服的过程中遇到难以逾越的鸿沟。因而要想成为社交场合的佼佼者，我们就要更加积极主动地面对对方，成功地打开对方的心扉，发挥说服的技巧和艺术，这样才能最大限度地打动对方，让说服水到渠成。

●●让对方形成惯性思维，习惯说"是"●●

如果对方已经习惯了把头摇得像拨浪鼓一样，你如何说服对方呢？即使对方觉得你说得很对，也有可能继续摇头，从而不知不觉间就否定了你的建议和想法，让你的说服工作遇到阻碍。所以最重要的在于，在说服之初，就让对方形成惯性思维，习惯说"是"。在这样的思维定势下，人们总是不知不觉就说"是"，这也让说服事半功倍。

在心理学上，有一种神奇的效应，叫作"登门槛效应"。这一效应最早源于心理学家的实验。登门槛效应的原理就是要想让人接受比较大的请求，就要首先提出一个相对较小的请求，先得到他人的许诺。在许诺他人小的请求之后，人在心理上就会放松很多，因而对于他人随之而提出的更大的要求，也会采取默许的态度。登门槛效应在生活中很常见，有很多人因为登门槛效应轻松地说服他人接受自己的请求，或者被他人说服接受其提出的更大的请求。

曾经有一位销售大师，在销售方面有非常大的成就，他总结出一条定律，那就是在推销的时候如果能进入顾客的家里或者办公室，推销成功的可能性很大。反之，如果被顾客关在办公室外面或者家门之外，则推销成功的可能性就很小。这也告诉我们登门槛效应的神奇效果，因而在说服他人的时候，我们也可以以这样的心理学原理对待他人，从而让说服他人的工作更加轻松。记得在一次募捐宴会上，主持人请求台下的慈善家们："哪怕只捐出一分钱也好，也可以为需要的人尽一份微薄的力量。"正是这句话，起到了登门槛的效果，让在场的慈善家们慷慨解囊。

很多人面对他人提出的一个很简单的请求，总是觉得无法拒绝。登门槛效应正是利用人们的这种心理，所以才由小及大，让人们不得不接受他们更大的请求。就像爬台阶一样，如果让一个人一步就爬上十几级台阶，这显然是不可能的。但是如果拾级而上，则爬台阶就会变得相对容易。登门槛效应也像爬台阶一样，一下子说出过分的请求，往往会把人吓到，也会让人不假思索地拒绝。而先说出小的请求，得到他人的接受后，再说出大的请求，则能够得到他人的谅解，他人也会因为有了一定的心理准备，不会被突如其来的过分请求吓到。在说服他人的过程中，我们要恰到好处地利用登门槛效应，让他们接受我们的请求，从而采纳我们的建议，让说服水到渠成。

玛丽是一名非常优秀的推销员，每次在进行陌生拜访的时候，她的销售业绩在公司里总是名列前茅。有一天，玛丽去一个小区开展推销活动，还带了很多样品给准客户们试用。然而，玛丽发现很多客户在试用完化妆品之后，没有购买的意向，她很着急，决定要想办法改变这个局面。

玛丽意识到，一整套化妆品需要一千多美元，但让客户一下子拿出很多钱，的确会让客户犹豫，这也是客户最终放弃购买的原因。为此，玛丽向公司里的主管提出建议，得到主管的批准之后，自己花钱定制了一批试用装化妆品，只需要几十美元。等到再次去小区进行推销的时候，玛丽对准客户说："这一整套化妆品价值不菲，如果买回去不适用，将会是非常可惜的。现在，我特意定制了一批试用装，您完全可以先花几十美元试用一周左右。当然，如果您最终决定购买整套的化妆品，这笔试用的钱也不让您出，因为公司针对先买试用装再买大套装的客户推出优惠政策，可以享受九折优惠价。这样一来，您不但试用了商品，购买了一整套大套装，而且整体结算下来，还能节省几十美元呢！这简直是一举两得的好买卖！"玛丽的话让客户怦然心动，为此有很多客户购买了试用装，而在购买试用装的客户里，又有大概60%的客户主动购买了大套装。

玛丽之所以能在社区推广中取得成功，就是因为她很善于运用"登门槛"的技巧。她先以产品小样赢得客户的认可，让客户只花比较少的钱就能试用一段时间化妆品。如果客户急需购买大套装，还可以享受九折优惠，毫无疑问，这样优惠下来，客户不但得到了试用化妆品的机会，还可以以更优惠的价格买到整套化妆品，当然会怦然心动。

其实，不仅在推销的时候可以使用登门槛效应说服他人，在很多时候，我们都可以利用登门槛效应来说服他人，或者与他人更加和谐、融洽地沟通。从本质上而言，登门槛效应就是循序渐进。只有把握登门槛效应的特点，才能把登门槛效应运用得炉火纯青，达到预期的效果。记住，如果让他人从一开始就说"是"，你就等于成功了一半。

沟通艺术：不要一开始就说出很大的请求，把他人吓得落荒而逃，而是要先说出小的请求，在得到他人的允诺之后，再说出比较大的请求，这样一来，才更容易被他人允诺大的请求。让他人形成说"是"的思维定势，要让他人对你提出的要求表示认可，才会因为惯性以及心理上更高的接受程度，从而接受你更大的请求。

●●找到突破口，让谈判水到渠成●●

"千里之堤，毁于蚁穴。"这句话告诉我们，小小的祸患有可能变成大的灾难，因而一定要杜绝小的祸患。从另一个方面来说，如果目的就是"决堤"，则这小小的祸患反而能成为可以利用的优势。就像谈判，看似如同箍铁桶一样密不透风，实际上只要找到突破口，就可以打开谈判的局面，让谈判水到渠成。

很多人曾经在谈判中遭遇困境，即原本可以顺利进行的谈判，却因为各种各样的原因陷入僵局，进入胶着状态，根本无法激活。在这种情况下，原本就紧张严肃的谈判变得更加剑拔弩张，尤其是当谈判双方针对某一个问题而彼此互不相让时，还有可能因此而进入对立的状态，导致谈判的气氛从轻松转向压抑沉闷。在这种情况下，千万不要一味地使出蛮劲扭转谈判的局势，而应该更加积极主动，灵活应变，让谈判更加顺利地进展下去。

从本质上而言，谈判上出现紧张的局面也是理所当然的，所谓谈判，虽然谈判双方是本着让谈判达成的目的去努力，让谈判朝着同一个方向发展，但实际上谈判双方是处于利益对立面的。当彼此利益有冲突的时候，双方自然会为了维护自己的利益从而为自己着想，在这种情况下，如果不能有效地调整好心态，采取适宜的谈判技巧，则一定会让谈判进展更加艰难。找到谈判的突破口，是非常重要的。因为一旦找到突破口，很多艰难的问题就可以迎刃而解，整个谈判过程也可以顺利推进。

作为一家家具厂的负责人，刘恺每天的工作就是与合作伙伴洽谈很多关于合作的事宜。最近，刘恺听说有一家企业正在扩大规模，新建了办公楼，还准备装修一新，因而需要订购大量办公用品。刘恺知道这是个巨大的商机，为此他当机立断地去拜访那家企业的负责人。也许是因为闻讯而来推销家具的人太多，负责人对刘恺避而不见，刘恺去了好几次，都没有见到负责人。因此，刘恺决定找到突破口，从而顺利拿下这笔大订单。

周一的下午，刘恺又去拜访企业负责人，这次他不说自己是推销家具的，而是说自己有一些专业问题需要请教。负责人听到有人专程来请教自己，非常乐意接见，就这样，刘恺如愿以偿见到负责人。原本负责人只给刘恺十分钟，后来刘恺请教负责人关于大企业倾向于使用什么材质的办公家具、对于价位有何预期、对于售后服务有何改进意见等问题，结果负责人滔滔不绝地说了将近两个小时。告辞之前，刘恺对负责人说："好的，刘总，我大概知道了您的需求和要求，我会重新做一份产品清单和报价单，如果您需要可以参考。"可想而知，对于这样一位虚心求教的合作伙伴，负责人当然愿意合作，刘恺顺利签下了这笔订单，也因为前期的准备工作到位，了解深入，所以刘恺提供的产品也赢得了负责人的称赞。

毋庸置疑，人都有好为人师的本能。原本，刘恺求见负责人几次都不能得见真容，后来刘恺改变思路，从推销转化为虚心求教，如愿以偿见到负责人，还与负责人进行了深入交流，也更加了解负责人的需求。这样一来，刘恺不但顺利做成生意，还使负责人满意，促成了一次愉快的合作。如果不是刘恺的灵机一动，也许就会失去这笔千载难逢的大订单。当然，这是刘恺抓住对方人性的本能投其所好，除此之外，还有很多方式可以找到突破口，或者创造突破口。

细心的朋友们会发现，在影视剧庭审现场中，如果案件情节比较复杂，往往会在审判进行到一定程度的时候，选择休庭，择日审判。这样一来，如果休庭之后再次开庭，双方的律师就可以继续寻找有利的证据，彼此也可以有一个接受的过程。实际上，谈判也是如此，不要奢望谈判一开始就能出结果，也许需要漫长的过程，在不断的磨合中寻求共同的目标，这样才能最终达成一致。否则就像拔河一样劲不往一处使，则一定无法赢得比赛。在谈判的过程中，如果出现尴尬和冷场，也可以暂时休会调整，这样一来，等到继续开始谈判的时候就会进入新的局面，也会通过谈判的过程赢得更好的结果。相比这样的选择，强行继续只会让一切更加糟糕，也会导致事与愿违。

除了暂时休会之外，还可以采取找到漏洞的方式打破僵局。喜欢看武侠小说的朋友一定知道，武侠小说里，哪怕是绝世武林高手，也会有弱点。当打斗陷入困境的时候，与其盲目地努力，不如找到他人的漏洞，有的放矢地进行突破。当然，所谓漏洞绝对不是显而易见的弊端和缺陷，而是需要通过倾听才能从对方的话里发现的。所谓言多必失，就是这个道理。从相反的方面来看，在与他人沟通的时候，还需要注意的是，要想在谈判中获胜，也不要总是口无遮拦、不假思索地去说，否则同样会因为言多必失被他人抓住把柄。因而真正的谈判高手绝不会轻易地表达，而是认真倾听，通过倾听了解他人，从而知己知彼，百战不殆。

沟通艺术：要想真正了解他人，就要做到认真倾听，这样才能走入他人的内心，真正了解他人的所思所想，找到他人语言方面的漏洞，从而给自己的谈判找到突破口，有的放矢地推动谈判顺利进行。

●●学会顺势而为，让说服畅通无阻●●

当你划着小船逆着水流向上行驶，可想而知你会多么吃力。相反，如果这个时候你顺着水流走，则会感到很轻松。人与人之间的沟通，也像是水流一样不断地流动。在这种情况下，是选择顺势而为，还是选择逆势而动，要根据具体情况具体对待。然而，从总体来说，肯定是顺势而为更加轻松省力。在说服他人的过程中，我们就要让说服顺势而为，这样才能达到更好的效果。

在各种形式的沟通中，人与人之间很难每时每刻都保持观点一致，也无法完全把话说到他人的心里去。当意见有分歧的时候，人人都想维护自己的观点，并且成功地把自己的观点灌输给他人。殊不知，强硬地要求别人采纳自己的意见是行不通的，因为他人也有他人的态度和看法，在这种情况下，就要讲究说服的技巧，最好采取顺势而为的策略和方法，才能让说服顺畅地进行下去，达到事半功倍的效果。

人人都渴望得到他人的了解和认可，也希望得到他人的支持和援助。所以与其与他人完全相悖，不如调整好心态，最大限度地认可他人。当在认可他人的基础上再提出我们的意见和观念，他人就会因为我们的认真用心，更加愿意接纳我们。尤其是在成为同一个战壕的战友之后，他们也就不会对我们总是怀着反抗的态度。所以我们要想说服他人，就要表现出与他人英雄所见略同的倾向，与他人心有灵犀，彼此惺惺相惜。

简言之，就是要先认可他人，然后再对他人提出不同意见。这样一来，我们才不至于因为一开始就反对和否定他人而引起他人的反感。相反，他人在得到我们的认可和肯定之后，再倾听我们的不同意见，也更容易接受和采纳。

作为一名玩具推销员，小雅其实很喜欢自己的工作，因为她喜欢把玩具推销给孩子们，也喜欢看着孩子们从玩具中得到莫大的满足和快乐。不过，小雅所推销的玩具没有太大的名气，所以很多顾客在前来购买玩具的时候，往往因为从未听说过玩具的品牌而产生疑虑，变得游移不定。

　　六一儿童节前夕，小雅所在的玩具公司举行大促销，很多玩具都相当于平时的半价。小雅整整一个上午都在接待客户，到了下午，才得到片刻的休息时间。小雅赶紧狼吞虎咽地把早饭和午饭都吃掉，才刚刚喝了几口水，就看到又有一个客户进门。小雅赶紧迎上去问："您好，请问您需要看什么类型的玩具？"这位客户没有回答小雅的问题，而是径直走到毛绒玩具面前，小雅暗暗想：应该是给女孩买玩具。为此，小雅拿出最新款的小猪佩奇玩具，问客户："请问您是给多大的孩子买玩具呢？如果是幼儿的话，建议这款小猪佩奇玩具，孩子们很喜欢看《小猪佩奇》的动画片，也很喜欢这款玩具。如果您是为大一些的孩子选购玩具，可以看看毛绒狗等，都是很不错的选择。"说着，小雅还指了指远处的玩具狗。正当这时，客户说："你们的玩具品牌似乎没什么名气，也不知道质量有没有保证呢！"

　　很多缺乏经验的销售员在听到客户这么说的时候，一定会感到很尴尬，也会觉得无法回答客户。不过，小雅是个经验丰富的销售员，她坦然地对客户说："先生，我家玩具的品牌的确没有那么大名气，不过正因为我们没有把更多的财力用于打广告，所以才能打造出实力强大的研发团队。您可以比较下，我们家玩具的款式、质地在同等价位玩具中都是最好的，因为我们把大量的经费都用于研发和改进产品的质量和材质上。"小雅的回答成功打消了客户的疑虑，把公司的劣势转化为优势。就这样，客户很痛快地决定购买玩具，小雅顺利地达成了交易。

　　在这个事例中，小雅之所以能成功说服客户，就是因为她抓住了客户的心理，能够顺水推舟，顺着客户的话去表达。反之，假如小雅在被客户质疑的时候，就强词夺理为自己辩解，非说自己家的玩具名气很大，品牌实力很强，那么一定会引起客户的反感，导致后来的推销工作很难顺利地进展下去。小雅先是认可客户的话，向客户承认自家的玩具的确名气不大，后来又顺着客户的话解释，告诉客户公司把更多的经费用于研发新款玩具，用于提升玩具的材质等。这样一来，客户心中的疑虑消除了，当然也就更加愿意相信小雅的话，也愿意与小雅达成合作的关系。

细心的朋友们会发现，在与他人合作的过程中，顺水推舟的效果还是非常好的。当然，顺水推舟并非所有的场合都合适，一定要区分对象，也要分清楚当时的实际情况，这样才能避免给自己制造麻烦，把顺水推舟的效果做到最好。在使用顺水推舟的方法说服他人之前，首先要注意对方的心态，要知道对方真正的疑虑和困惑在哪里；其次要因势利导，先认可对方的话，然后顺着对方的话去表达。这样才能拉近自己与对方的关系，让自己与对方站在同一立场上，自然能够成功地说服对方，也给予自己更大的回旋空间。

沟通艺术：顺水推舟，说起来很容易，真正做起来却不是那么容易的。不但要把握好合适的时机，还要掌握对方的心理状态，有的放矢地顺着对方的话去说，才能与对方站在同一战壕，成功地改变对方的思想。

●●换位思考，诲人于无形●●

有人说，一个人即使再怎么设身处地，也无法真正地把自己当作是他人，洞察他人的内心，了解他人的想法。即使这样，在人际交往的过程中，我们还是要换位思考，尽量站在他人的角度上思考问题，诲人于无形，从而建立起良好的人际关系。

在人际交往中，我们总是要与他人沟通，才能了解他人的想法，表达我们的思想。然而，在人际沟通中，难免会有产生分歧的时候，每当与他人意见相左时，我们怎么做才能最大限度地改善与他人之间的关系，让自己在人际交往中脱颖而出，收获丰满呢？有人说，人心是这个世界上最叵测的，这句话很有道理。因为人心总是非常微妙，而且每个人是完全不同的生命个体。

因此，在说服他人的时候，我们就要尽量站在他人的立场上去考虑问题，而不要总是以自己的观点看待问题，更不要试图把自己的观点强加于人。要想让说服起到预期的效果，最重要的就是学会换位思考，尽量站在他人的角度考虑问题，站在他人的立场上去说服对方，这样才能达到事半功倍的效果，让说服工作水到渠成，不露痕迹。一旦强迫对方接受某些观点，就会让对方产生抵触心理，情不自禁地想要抗拒，这样一来再想让说服顺利进行，就会难上加难。

很多人自以为人际交往能力很强，沟通能力也没有问题，但是偏偏在说服他人的时候，尽管已经绞尽脑汁想要做到最好，却总是遇到形形色色的问题，导致前期的努力功亏一篑。究其原因，不是努力不够，也不是说服的借口不好，而是因为没有站在对方的立场上思考问题，所以才会导致沟通不畅，说服工作也总是进展艰难。

期中考试中，正在读五年级的乐乐英语成绩有很大的波动，而且在数学方面也出现粗心的情况。对于乐乐的表现，妈妈很担忧，想到班级里很多同学都报名参加了培训班，唯独乐乐没有参加过任何课外班，所以妈妈决定要考察一下课外补习班的市场，给乐乐也报名参加补习班，从而进行下半个学期的冲刺。

在去知名的小海豚教育培训机构考察的时候，妈妈觉得小海豚培训机构的确不错，老师说的教育理念等也与妈妈的教育观点契合。但是唯一美中不足的是，小海豚教育机构的费用很高，每次补课两个小时就需要五百多元。妈妈觉得这个费用真的是远远超出了他们的家庭经济承受能力，为此打起了退堂鼓，变得很犹豫。和妈妈对接的老师，看到妈妈迟疑不定的样子，知道妈妈是在为补课费发愁。因此对妈妈说："乐乐妈妈，虽然您刚才说没有想一定要冲刺名校，但我还是想提醒您，孩子在五年级是非常关键的时期，因为六年级的话主要是对前面的知识进行复习。所以五年级学得好不好，往往也决定了孩子在六年级冲刺阶段的表现，我觉得您应该现在就对孩子进行提优的。否则六年级时学校的学习压力很大，学习任务繁重，如果把所有的宝都押到六年级，孩子一定会感到压力大。此外，您以前当过老师，也就知道孩子在学习方面是有惯性的。例如，孩子如果学习成绩一直名列前茅，就会形成惯性，觉得自己不管什么时候都应该是佼佼者。反之，那些成绩较差的学生之所以在班级里总是排名倒数，似乎是因为他们把自己定位为班级倒数的名次，这样一来，他们当然会让自己很被动。您觉得呢？我也知道我们这边学费贵，但是一分价格一分服务，我们的老师都是出类拔萃、经验丰富的，您也可以看到的。"

在老师的劝说下，妈妈一咬牙，给乐乐报了五十多次课程，花了两万多元。虽然价格很昂贵，但是妈妈在心疼之余对老师说："只要补课有效果，这钱就花得值。我相信你们不会让我失望的。"

培训班的老师为何能说动妈妈当机立断交钱呢？是因为她能够站在妈妈和乐乐的立场上，为乐乐的学习考虑。这样一来，她所说出来的话才能成功地打动妈妈的心，最大限度地增强妈妈立刻下定决心让乐乐开始上课的动力。孩子的学习刻不容缓，一旦耽搁下去，让孩子始终在班级的中下游徘徊，为孩子带来不良的影响，再想帮助孩子提升就很难了。在这种情况下，妈妈也感受到了急迫性，所以当即下决心给乐乐交上补课费，也让老师马上为乐乐进行提升。

要想成功说服他人，就一定要收起功利心。事例中，老师虽然想要做成妈妈这笔生意，赚取佣金，但是对于老师而言，如果把功利心表现得太明显，则只会导致事与愿违。幸好老师很聪明，也是真正为孩子着想的好老师，才能让自己说出的每一句话都重重地敲击在妈妈的心上。

沟通艺术：沟通从来不是简单的事情，说服更是难上加难。真诚是沟通的基础，如果要想说服他人，在沟通的基础上，就要真正设身处地为他人着想，站在他人的立场上为他人考虑问题，针对他人的切实情况提出卓有成效的解决办法。

●●洞察他人心思，掌握谈判主动权●●

在谈判的过程中，你是愿意被他人牵着鼻子走，还是想要牵着他人的鼻子走，或者能够真正做到牵着他人的鼻子走，这很重要。如果不能掌握谈判的主动权，就会导致在谈判中非常被动，自然也就无法达成既定目标。

在人际交往中，不管是想与他人更好地沟通，还是想要说服他人，有一点必须做到，那就是要了解他人的心思，这样才能有的放矢，把话说到他人的心里去，掌握谈判的主动权。否则，不管是正常的交流，还是想要说服他人，都是不可能做到的。

越是在正式的商业谈判中，越是要了解对方在谈判中想要达到的目的和得到的利益，唯有如此，才能奔向既定的目标，成功地达成谈判的目的。形象地说，这个目的就像是谈判的中心和焦点，每一个参与谈判的人都要始终牢记自己的目的，才能有的放矢，紧紧围绕谈判的中心进行。如果在谈判之前没有任何目的，只会在谈判的时候漫无目的，语言表达也没有中心和重点。

最近，老刘要代表公司参加谈判。尽管老刘是公司的谈判高手，但是这次面对的公司的谈判专家也是不可小觑的。因此，老刘对于这次谈判非常重视。然而，对方也是有备而来。谈判刚刚开始，对方就先发制人，各种问题如同连珠炮一样向老刘发射，弄得老刘无还手之力。

正当老刘琢磨着如何才能把谈判的主动权争取回来时，突然他想到一个好主意。只见他故意把手中的笔弄掉地上，钢笔质量比较好，也很重，因此发出清脆的声音。对方毫无防备受到惊吓，当即终止发言。老刘淡定地离开座位蹲下去，从地上捡起笔，然后顺理成章地把握谈判的主动权，开始滔滔不绝地说起来。这样一来，就轮到对方抓耳挠腮，不知道如何做才能把谈判的主动权争取回来了。

在这个事例中，老刘用的是最笨的却也是最管用的方法，那就是意外惊吓法，使得对方的思维在钢笔掉落地上的一瞬间被中断，这样老刘就可以见缝插针，说自己想说的话。这种方法，很多人在谈判中都会用到，但是要注意必须做得不露痕迹。如果做得太明显，会导致对方觉察到你是故意为之，非但无法达到预期的效果，还会事与愿违。

除了故意惊吓法之外，还可以在谈判一开始就开门见山，先发制人，把对对方的质疑表现出来。例如，以一连串名正言顺的提问，让对方无招架之力。再如，为了出其不意，还可以准备一些对方有可能没有做准备的问题，让对方哑口无言，只能跟随你的思路走。此外，这种方式对于缺乏自信的人而言也是非常有效的，还可以帮助其提升自信。

当然，除了用故意惊吓法夺回谈判主动权，用开门见山的连珠炮法在一开始就掌握谈判主动权之外，还可以在谈判过程中运用表情和姿势，更好地赢得谈判主动权。不要小觑表情和姿势的重要作用，很多时候，表情和姿势可以有效干扰对方，表达真情实感，所以效果往往也是非常好的。如果不方便表现出明显的表情，还可以以身体语言暗示对方，给对方形成压力等。例如，当身体朝后远离会议桌，就会表现出疏远和冷漠；脚尖朝着门的方向，就意味着想要离开；双手交叉抱肩，代表疏远等。这些肢体语言在不同的情境中会表达出不同的意思，都是非常生动有趣、感情色彩鲜明的。当把这些表情和肢体语言运用好的时候，在谈判中就会更加轻松自如，效果也会显著。

沟通艺术：要想在与他人的沟通中取得良好的效果，就一定要更加积极主动，洞察他人的心思，这样才能让沟通达到事半功倍的效果。如果不知道他人在想什么，就盲目地与他人沟通，只会事倍功半。

●●利用互惠心理，让对方主动让步●●

所谓互惠心理，是心理学上的一种感情倾向，指的是很多人在得到他人的馈赠之后，为了不亏欠他人给他人一定补偿和回馈的心理机制。因此，也有人把互惠心理称为"双赢定律"。人为什么会有互惠心理呢？是因为大多数人一旦得到他人的恩惠，就会因为亏欠他人而产生压力，只有在以等值或者超值的回馈给他人作为报偿时，这种心理压力才能缓解，或者彻底消除。

英国前首相丘吉尔曾经说过："这个世界上既没有永远的朋友，也没有永远的敌人，而只有永远的利益。"不管是在生活中还是在商场上，利益往往是很多人衡量人际关系的重要因素，也是被排在首位去考量的。尤其是在商场上，形形色色的商务活动几乎都是为了实现盈利，赚取利益，因此在商务谈判中，不管谈判是以怎样的方式进行，也不管谈判的目的是什么，归根结底的诉求就是自身利益最大化。从这个角度而言，谈判成功的唯一条件就是谈判必须建立在双方合作共赢的基础之上，如果只有一方获利，另一方承受巨大的损失，除非有不可言说的秘密和考虑，这样的谈判基本不会成立。因此，经验丰富的谈判者在谈判桌上想要说服对方接受己方的提议时，并不只会从自身的利益角度出发，也会尽量为对方考虑，在兼顾对方利益的基础上追逐自己的利益，这样谈判才更有可能达成，也才会是一场成功的谈判。

中国香港首富李嘉诚之所以在商场上大名鼎鼎，除了他天生就有经商的才能之外，与他为人处世的风格也是密不可分的。和很多商场上只知道一味地追求利益的"老狐狸"不同，李嘉诚尽管也追逐利益，却从来不把利益作为唯一的目标。他更清楚，唯有给合作伙伴让利，让大家都有利可图，交易才能达成，合作才能长远。为此，李嘉诚在给两个儿子传授生意经的时候，总是叮嘱儿子们一定要考虑合作伙伴的利益，不要企图在一单生意上就一口吃成个胖子，而是要为长远打算，把合作也谋划得更加长久，这样才能让财源滚滚而来，绝不会干涸。实际上，李嘉诚是真正的聪明人，因为在他主动让利给客户的同时，客户也会出于互惠心理，主动降低合作条件，让利给李嘉诚。正如人们常说的"两好才能换得一好"，在这种情况下，李嘉诚以自己的好换取了客户的好，从而让生意更加兴旺兴隆，也让自己真正树立了好口碑。

　　最近，林夕想买套房子，正在和二手房经纪人小张四处看房。大概在一个月的时间里，林夕每到休息日就去看房，终于看到一套相对合心意的房子。林夕是个痛快人，不想把这件事情拖得太久以防夜长梦多。因此，他对小张说："帮我约业主来谈一谈吧，我想如果价格合适，就把房子定下来。"小张当然愿意促成这笔生意，当即兴奋地问林夕："那您想多少钱购买这套房子呢？"林夕的心思还是相对缜密的，他为了占据主动权，没有把自己的心理价位告诉小张，而是说："市场价吧，现在房子的报价是偏高的，我想当面和业主谈。"

　　小张问不出来林夕的心理价位，只好把业主约过来与林夕见面。常言道，买卖两个心眼，这也就意味着买的人总是想买得更便宜，卖的人总是想卖得更贵。林夕想把价格压到最低，但是林夕也很清楚，想达到自己的心理价位并不容易。现在房子的报价是 369 万元，林夕想 358 万元买到。林夕见到业主之后，和业主寒暄了几句，然后开门见山地说："李姐，我觉得您的房子报价远远高于市场价，您看看，如果我出 350 万元，您是否愿意考虑下把房子卖给我呢？"听到这个价格，别说是业主了，小张都吓了一大跳，他如同看外星人一样看了看林夕，然后又很担心地看着业主李姐，生怕业主李姐因为他没有核实清楚客户能出多少钱就把她约过来而生气。李姐修养很好，气定神闲地说："我知道我家房价高于市场价，不过您也肯定知道我家的房子和别人家的不同，我去年精装修花了 30 万元。所以我比别人家多卖十万左右也不算贵。您说的价格是连毛坯房都买不到的，我真的没有办法接受。"林夕知道李姐当然不可能接受，他与李姐又是一番周旋。过了一会儿，林夕主动做出让步把价格加到 355 万元，李姐觉得林夕都涨钱了，也不太好意思，所以把价格让到 362 万元。林夕心中暗暗窃喜，因为距离他目标的 358 万元就只差 4 万元了。林夕在与李姐周旋之后，又加了 2 万元，把价格加到 357万元。尽管李姐很不情愿，也不好意思让林夕剃头担子一头热，因而把价格降到 360 万元。最终，眼疾手快的小张在中间起到协调作用，让双方各让一步，彼此再让 15000 元。李姐心想既然已经这么努力往一起凑价格，就答应了以 358.5 万元成交，林夕的心理价位是 358 万元，自然也不愿意因为 5000

元钱就错过这套拎包即住的好房子。因此，交易顺利达成。

在这个事例中，精明的林夕正是运用互惠心理，在现实中说出比自己的心理价位更低的价格，然后一步一步地往上加价，最终把价格增加到自己能接受的范围，与此同时，一次又一次在主动加价的过程中对李姐做出让步。李姐的心思也很灵活，因而也相应地对林夕做出几次让步。最终，林夕成功地打动了李姐的心，让交易顺利达成。如果林夕没有掌握互惠心理的原则，而是在第一次报价时就直截了当说出自己的心理价位358万元，然后在整个过程中始终坚持358万元，不愿意做出任何让步，只会使业主李姐觉得心中不痛快，说不定一分不让。

利益是双方的，必须使双方满意，才存在真正的平衡。就像天平一样，如果总是剃头担子一头热，根本不可能实现真正的平衡。真正明智的谈判者，要想让交易达成，必须在为自身谋求利益的同时，也兼顾他人的利益，找到让利益实现平衡的关键点，从而实现共赢。从这个角度而言，作为谈判者最重要的就是要找到利益共同点，并且实现平衡。否则一旦让谈判陷入僵局，就会前功尽弃。

沟通艺术：很多时候，表面上的妥协并不是一味地退步，而是明退暗进。如果能够以退步的姿态得到他人的认可，让他人主动让步，那么这样的退步就是极大的进步，不但有利于获得利益，也有利于交易的达成。明智的谈判者知道，谈判不是剑拔弩张，更不是与对方刀枪对决，而是能够皆大欢喜，让彼此感到满意。

●●建议，比命令好●●

很多人在说服他人的时候，尤其是在自身比较强势、对方相对弱势的情况下，总是会情不自禁地采取下命令的方式，让说服表现得很生硬，使对方难以接受。实际上，真正的说服并不是以权势压迫他人，而是要以恰到好处的方式让对方心服口服。从这个角度而言，建议比命令好。

如果当你与他人产生分歧并且遭到对方的强迫时，对方强求你一定要接受他的命令，你愿意接受吗？也许你原本是愿意接受的，但是就因为对方的态度让你觉得无法面对，所以反而故意反对对方，与对方唱起反调。这样一来，说服自然无法达到预期的效果，甚至还会事与愿违。

想说服他人，就要采取合适的方式，如果说服的方式都让人无法接受，更何谈说服效果？军令如山，只适用于军营里的危急时刻，即使是职场上的上下级关系，如果作为上级想要说服下级，也要考虑到下级的所思所想，而不要一味地强迫和命令下级。在生活中，更应该讲情理，把事情做得让人心服口服，这样才能达到预期的效果。众所周知，人心是这个世界上最微妙的东西，人与人相处的难度很大，也是瞬息万变的。每一个人在人际交往中都要摆正自己的位置，端正态度，让自己与他人的交往更加和谐融洽。

命令式的说服总是会引人反感，与其让事与愿违，还不如采取适宜的方式，即使不能起到很好的效果，也不会起到相反的作用。所以作为说服者，不管你的身份地位如何，不仅要做到动之以情，晓之以理，更要做到尽量以建议为主。在没有衡量自身力量的前提下，不到万不得已，还是不要过度地逼迫他人。

最近，正在读五年级的乐乐已经开始进入青春期，常常会与妈妈唱反调。例如，周末的时候，乐乐非要与同学去看电影，一开始妈妈是坚决不同意的，因为觉得不安全。但是乐乐坚持要去看电影，妈妈只好妥协。然而，在给乐乐买电影票的时候，妈妈才发现孩子们选择去远郊区的一个电影院看电影。因此，妈妈更加担心，觉得去那么远的地方不太安全。但是，妈妈这次没有直接阻止乐乐，而是在琢磨了一下自己该怎么说之后，才语重心长地对乐乐说："乐乐，你们愿意在看完电影后吃个 DQ 冰淇淋吗？"乐乐高兴地点点头，说："当然愿意。您会给我钱，让我请同学们一起吃吗？"妈妈说："当然。不过，我查看了一下，你们选择的那家电影院在远郊区，还没有 DQ。我建议你们可以在市区看电影，这样就可以节省时间，或者到冷饮店坐一坐，聊聊天，还可以去附近的新华书店看看书，岂不是比把时间浪费在路上更有意义吗？你们特别指定那家电影院是有什么深意吗？"乐乐摇摇头，说："没有，只是有一个同学说他曾经和爸爸妈妈去过那家电影院，觉得比较好而已。"

就这样，在妈妈委婉的说服下，乐乐马上和同学们联系，大家一致同意在市区的电影院看电影。就这样，妈妈圆满地解决了问题，乐乐也因为可以请同学们吃 DQ 冰淇淋而感到非常高兴。

在这个事例中，妈妈一开始明令禁止乐乐单独和同学去看电影，结果乐乐非常生气，完全不顾妈妈的阻止，坚持要和同学去看电影。在发现电影院位于远郊区时，妈妈没有继续阻止乐乐，而是想方设法给乐乐提建议，并且以请同学吃 DQ 冰淇淋为由，让乐乐主动和同学们沟通，把看电影的地点改在市区里。这样一来，乐乐当然很乐意，同学们也因为看完电影还能吃冷饮，而觉得高兴。

针对那些个性比较强的人，要想说服他人，不要总是采取强制的手段，所谓动之以情，晓之以理，唯有让对方心服口服，才能达到更好的效果。如果盲目地说服对方，反而有可能导致事情更加恶化，或者朝着完全相反的方向发展。

沟通艺术：古人云，知己知彼，百战不殆。对于每一个想在人际沟通中与他人心意相通的人而言，更重要的是先了解对方的心思，才能让沟通更加积极主动，事半功倍。否则，在沟通中像没头苍蝇到处乱飞一样盲目地表达，只会事与愿违，使事情变得更糟糕。

第三章　走进对方，才能了解对方

人与人的交往中，真诚是第一要义。要想让沟通顺利进行下去，就要敞开心扉，营造安全的谈话氛围，这样一来，彼此之间才能真诚交往，才能知无不言，言无不尽。尤其在沟通的过程中，彼此坦诚相待更加重要，如果说话不能敞开心扉，而是虚情假意地应付，则沟通的效果就会大大降低。因此，要想与他人顺畅地沟通，就要营造安全感十足的谈话氛围，从而让人敞开心扉，尽情尽兴地交流。

●●投其所好，与对方成为同盟●●

人人都清楚，与一个心怀戒备的人很难真正实现顺畅的沟通和交流，这是因为彼此之间有隔阂，都觉得对方与自己完全不属于同一个世界。在这种情况下，必须在心与心之间搭建一座桥梁，与对方成为同盟，让对方心甘情愿地向你敞开心扉。

喜欢下围棋的人都知道，有一个招数叫作"势孤取和"，意思是说在自身力量不足、无法与对方抗衡的时候，最好先与对方和解，或者曲意逢迎对方，从而避免与对方产生冲突。正如俗话所说的"留得青山在，不怕没柴烧"，就是这个道理。在谈话中，我们也要学会保存自身的实力，不要肆意破坏谈话的氛围，也不要随随便便就与对方反目成仇。唯有投其所好，才能有效与对方结成同盟，使交谈更加顺利地进展下去。

在对话与谈判中，假如遇到实力强劲的对手，一定不要随意反驳对方，或者与对方交恶。我们固然要坚持自己的立场，但当对方固执己见、坚持自己的立场时，我们要做的不是以硬碰硬，也不是以过激的举动与对方抗衡，而是应该迂回包抄，曲径通幽。否则对方就像是一把利剑或者一堵无比坚硬的墙，很容易就会让我们受到伤害，也会使我们陷入被动的局面中，感受到对方的态度如同寒冰一样。

要想打破交谈的困境，最好的办法就是投其所好。这里所说的交谈困境，既指的是与对方交流时因为陌生而无法顺利展开交谈的局面，也指的是在与对方交谈的过程中因话不投机半句多而陷入冷场的情形。总而言之，这些都是至关重要的，也是需要理性认知之后，根据现实的情况随机应变的。

作为一名电脑推销员，肖恩每天的工作就是四处推销电脑。然而，推销的工作并不好干，肖恩最初入行的时候，接连好几个月都没有卖出一台电脑，自己很沮丧，常常失去自信，甚至怀疑自己什么也不能做。后来，肖恩特意向经验丰富的推销员学习，这才意识到推销的秘诀绝不是站在客户的对立面与客户对着干，而是要更加用心地为客户着想，也要投其所好，与客户结成同盟，这样才能让推销达到更好的效果。

有一次，肖恩来到一家大公司，有幸见到了采购员。对于肖恩推荐的电脑产品，采购员觉得价格太贵，肖恩说："您说得很对，我们公司电脑产品的价格的确是偏高的，作为推销员，我对此心知肚明。不过，我认为您购买我们公司的产品一定物超所值，因为在比较产品的性价比时，并不能单纯地比较价格。首先，我们公司的产品硬件升级，性能更好，其次，我们不仅注重里子，也很注重面子，您会发现我们公司的电脑产品外观漂亮，这不仅是因为我们的产品设计新颖，也因为外面的烤漆都是质量特别好的。最后一点，也是最重要的一点，我们的售后服务非常好，让您在购买产品之后绝无后顾之忧，尤其是我们对于您这样的大客户提供终身免费上门服务，您想一想，这样的服务将会为贵公司节省多少售后维修的成本，也将会为贵公司赢得多少宝贵的时间。"在肖恩的解释下，采购员心动了，因为他很清楚品质好、服务好的产品是更值得购买的。尤其是肖恩鞭辟入里的分析，让他更加心服口服，最终肖恩在经过一段时间的用心维护之后，成功地向这家公司推销了大批的电脑。

在这个事例中，肖恩之所以能够如愿以偿赢得这笔大订单，是因为他非常用心地服务客户，首先对客户的话表示认可，这样一来客户当然会对他产生好感，从心理上与他更加亲近。

在人际沟通中，我们既要学会维护自己的利益，表达自己的意愿，坚持自己的立场，也要学会在与他人沟通的过程中运用技巧，顺利打动他人的心，使沟通达到事半功倍的效果。如果总是因为各种各样的原因而与他人在沟通的时候发生冲突，甚至导致彼此陷入无法回旋的尴尬境地，只会使事情更糟糕，人际沟通也会因为尴尬冷场而彻底陷入困境。明智的沟通者在发现对方情绪有些冲动的时候，就会提前用一些平淡的话来给对方降温。这样一来，对方才能保持情绪稳定，让交流顺利进行下去。

沟通艺术：所谓投其所好，并非指的是我们要对对方曲意逢迎，我们在沟通的过程中不要总是以硬碰硬，坚持让对方接受我们的观点和立场，而应该采取一定的沟通技巧，让对方更乐于接受我们的意见和态度，也不至于伤了和气。如果对方坚持自己的立场、意见和观点，那么我们也没有必要强求对方，而是可以与对方好好商量，从而获得中和的意见和观点。唯有如此，交往才能顺利进行，使彼此感到愉快。

●●采取附和策略，让对方戒心全无●●

当你不知道如何与对方更好地交谈，但又很想与对方和谐沟通时，不如采取附和的策略对待对方。这样一来，就能有效消除对方的戒心，赢得对方的好感，从而与对方更好地沟通。附和中最简答的方式就是重复对方的话，这样就能让对方感到很放松，也会情不自禁地对你产生好感。

在交谈中采取附和的策略，也许不需要付出太多的努力，就能有效缓解与对方的关系，从而使交谈顺利进行下去。也许有些朋友会感到困惑："如何才算附和对方呢？"很多人误以为附和就是曲意逢迎，实际上这是大错特错的。所谓附和，并不需要曲意逢迎对方，而是可以非常简单地重复对方所说的话。这样一来，对方就会觉得得到了你的认可，也会在心理上与你亲近。此外，还可以在对方表达某些观点的时候表示认同，这也是至关重要的。在肯定对方的时候，既可以进行语言的表达，也可以以表情来表示肯定，例如点头微笑等，都会让对方犹如吃了定心丸一样感到很安心、很踏实。

从心理学的角度而言，所谓的附和其实就是让对方感受到我们正在专心致志地倾听他们讲话，对方就会觉得自己受到了尊重，也会很乐意继续滔滔不绝地说。每个人都渴望得到他人的认可和肯定，因而我们要想激发起对方的谈兴，就要给予对方认可和肯定。当然，当对方谈兴大发的时候，我们更要认真用心地倾听，这样才能从对方的话里得到更多的信息，更加积极主动、有的放矢地展开接下来的交谈。

周末，西西正在店铺里值班，突然走进来一位气质高贵的妇人。这位妇人径直走到高档的包包面前，认真地看起来。西西看到妇人气质不俗，因此为妇人推荐了一款限量版包包。妇人摸着包包，说："这款包包真的不错，不过我觉得我没有必要用限量版的吧，毕竟我年纪大了，也很少出席非常重要的场合。"听到妇人的话，西西下意识地说："很少出席重要的场合啊！"妇人接着说："而且我家里也有很多包包，看起来相差无几。我主要是想为女儿买一款包包。"西西继续说："哦，原来您是为女儿买包包啊！我觉得您要是给女儿买，可以买另一款适合年轻人用的限量款包包。"妇人不解："为何一定要限量款呢？"西西说："像您这么高贵的女士，您的女儿也一定很高贵，而且年轻人要经常出席各种场合，追求时髦，如果您送给女儿限量款的包包，您的女儿肯定非常喜欢，也会为您的眼光感到骄傲。"妇人被西西说得很心动，当即为女儿购买了一款限量款包包作为礼物，还感谢西西分析得很有道理。

在这个事例中，西西之所以能把话说到妇人的心里去，就是因为她先是对妇人采取了附和的态度，得到了妇人的尊重和认可。这样一来，她在接下来与妇人沟通的时候，就能够更加顺利，把话说到夫人的心里去。

很多细心的朋友会发现，在人际沟通中，女性更善于附和他人，正因为如此，女性才会被赞誉为很善于沟通。实际上，女性之所以在沟通过程中频繁点头，是因为女性比较情绪化，在情绪反应的驱使下才不停地点头，而并不是真正意味着他们听懂了别人说的话，或者真的把别人的话都听到心里去了。当然，这并不意味着我们对于所有人说的所有话都要采取附和的态度，如果对方只是为了敷衍了事或者表示客套的礼貌，那么你也可以浅尝辄止，给对方礼貌上的回应。如果对方是在真心诚意地与你沟通，和你交流，那么你就要非常努力地用心与对方交流，认真倾听对方的话，给予对方积极的回应。这样一来，你自然会感到与对方的交谈渐入佳境，更加努力地经营好与对方的关系。

沟通艺术：采取附和策略也要因人制宜，因事情的具体情况制宜。如果对方是一位思维缜密的谈判高手，那么在采取附和策略的时候要小心，要更加自然，不露痕迹，而如果与对方的关系比较亲密，相处也很自然随意，那么就可以简单附和，从而让交谈更加自由随性。

●●把话说到他人心里去●●

要想真正说服一个人，最重要的不是让对方屈从，而是要让对方心服口服。同样的道理，要想让交往进展更加顺利，最重要的不是以权威压迫他人，而是要深入地了解他人，把每句话都说到他人的心坎里，这样才能打动他人的心，也才能让沟通水到渠成。

在中国古代，有很多精通战术战略的人研究兵书，也流传下来很多战术精髓。例如，对于攻城略地，曾经有位战术家说，攻城为下，攻心为上，以不战而屈人之兵，方是上策。其实，战争如是，人与人之间的交往也如是。人与人的交往，重在交心，那些口头上的客套话，只是说给别人听的，对于增进感情也根本没有益处。最重要的是，要真正走入他人的内心，通过倾听加深对他人的了解，这样才能知己知彼，百战不殆，也才能真正把话说到他人的心里去。否则，人际交往就会因为彼此心灵的隔阂而陷入困境。

不管是普通的人际沟通，还是想要说服他人，一定要把话说到对方的心坎里，让对方觉得他的所思所想和你一样，这样一来，对方才会心甘情愿地缴械投降，还会因此与你亲近，心理距离也变得更近。当两个人的心是紧贴着的，可想而知，沟通必然会顺利。

最近，宋经理发现员工刘恺上班经常迟到早退，而且有愈演愈烈之势。

原本，刘恺上班是很认真的，从不迟到早退，而且对于工作也能尽职尽责。为此，宋经理不想批评刘恺，想让刘恺能够自我改正错误。不想，随着刘恺迟到早退的现象越来越严重，宋经理只好想出了一个万全之策，既能够保全刘恺的颜面，避免刘恺尴尬，也能点醒刘恺，让刘恺主动改正。

周一的晨会上，宋经理先对大家表达了期望和要求，然后说："我觉得每个人都要做到按时上下班，就像刘恺以前那样。大家都知道，刘恺以前总是第一个来到单位，最后一个离开单位，这样的员工，哪位领导能不器重呢？"说完，宋经理就像想起来什么一样，问刘恺："刘恺，最近你家里有什么困难吗？我发现你最近迟到早退比较严重，和以前截然不同，我知道你一定是遇到了困难。没关系，咱们都是一家人，如果真有困难就提出来，公司一定会帮助你的。我知道，你绝不是懒散的人。"在宋经理的一番提醒和认可之下，刘恺感激涕零，这才说出原来最近他的爸爸身患癌症，正在医院里接受治疗，所以他每天上班之前和下班之后都要去医院看望爸爸。为此，宋经理特意批准刘恺在爸爸住院期间可以晚来两个小时，早走一个小时。就这样，等到爸爸手术后出院，刘恺对待工作更加认真负责。

在这个事例中，宋经理发现刘恺在工作态度上和以前截然不同，原本是想批评刘恺的，却没发现刘恺之所以工作表现得很差，是因为他的爸爸身患癌症住院。宋经理知道情况之后当即给了刘恺宽松的上下班时间，让刘恺在照顾爸爸之余兼顾工作，这对于刘恺而言是莫大的恩情。所以在爸爸出院之后，刘恺在工作上才会尽心尽责地表现。

实际上，把话说到他人的心坎里说起来容易，做起来却很难，但是只要用心真诚，也就不像我们想象中那么难了。只要我们处处留心，了解他人的苦衷和隐情，竭尽所能为他人考虑，那么我们就能最大限度地打开心扉，与他人进行更好的沟通和互动。当对方听到我们的话感到心动时，我们就获得了极大的成功，就能够说服对方，让对方觉得一切都是应该的，交流自然顺利进展，沟通也会更加顺畅。

沟通艺术：把话说到他人的心里去，最重要的是了解他人，从而才能知道他人的心理需求，也才能最大限度地满足他人的心理需求。任何时候，都不要自以为是，觉得自己很了解他人，每个人都是这个世界上独一无二的生命个体，都是需要不断成长的，我们看待他人还要采取与时俱进的眼光，也要根据事情的具体情况，真正地把话说到他人心里去。

●●多以"我们"代替"我"●●

在人际交往中，如果你不想过多地树立敌人，就要学会多说"我们"，用"我们"代替"我"，这样一来，你才能在人际沟通过程中成功地打动他人的心，拉动与他人之间的距离，成功地与他人沟通和交流。

很多人有自以为是、以自我为中心的坏毛病，在这种缺点的影响下，他们总是觉得自己非常优秀，出类拔萃，变得骄横跋扈，在与人沟通的过程中，情不自禁就以"我"来作为句子的开始，无形中给予他人巨大的压力。实际上，"我"带有强烈的自我意识，常常带着排外的意思，尤其是当意见相左的时候，"我"更是会让人被拒之于千里之外，会让人变得非常被动。要想改善人际关系，要想让人际沟通顺利地进行下去，与其绞尽脑汁想各种各样的办法，不如调整思路，让自己更加积极主动。例如，当把"我"变成"我们"时，一切就会变得更顺利，也会让人有更好的发展。

"我"和"我们"到底有什么区别呢？"我们"为何有如此神奇的魔力呢？"我们"的神奇之处在于，它带有强烈的共同意识，对方在听到你说话总是以"我们"作为开始时，就会对你产生强烈的好感，还以为你与他们是同一战线的盟友，或者是同一战壕的战友。在这种情况下，即使对方原本想攻击你，也会因为你的立场而有所迟疑，至少他的力量会有所减弱，口下留情。在这种情况下，你就可以对他人展开攻心术，让他人的内心动摇，直到接受你的意见和态度。细心的朋友们会发现，自古以来，有很多伟大的人物可以一呼百应，这是因为他们很善于使用攻心术对待他人，也总是能够最大限度打开他人的心扉，得到他人的真心拥护。这就是这些大人物的高明之处，他们尤其善于使用"我们"，从而让追随者对他们一呼百应。当然，他们也很尊重那些追随者，是真心对待那些追随者的。例如，在第二次世界大战期间，英国前首相丘吉尔、美国前总统罗斯福和苏联的斯大林等，都是反法西斯联盟的关键人物。他们之所以能够得到无数人的拥护，也能够带领大量的拥护者做出伟大的斗争，就是因为他们内心充满热情，而且能够以这样的热情为自己代言，点燃了拥护者心中的热情。

结婚之后，陈培和媳妇乔羽之间产生了矛盾。原来，每次陈培和媳妇说起关于岳父母的话题时，总是说"你妈""你爸"，这样的表述让乔羽觉得很别扭，乔羽不止一次地对陈培说："你觉得当着我父母的面，你总是说'你妈''你爸'好听吗？万一被他们无意间听到，多么尴尬啊！咱们都结婚了，要是我也当着你父母的面说'你妈''你爸'，你觉得他们会高兴吗？"道理陈培当然懂，但总是不好意思说咱妈咱爸，也就迟迟不能改正。

结婚没多久，陈培和乔羽开始考虑买房的事情。陈培才刚刚工作几年，没有多少积蓄，因此想要得到岳父、岳母的支持。他对乔羽说："媳妇，你说如果咱们买房的话，咱爸咱妈能不能先借点儿钱给咱们用啊？"听到陈培的话，乔羽敏感地觉察到异常，当即哈哈大笑起来，说："哎呦，什么时候嘴巴变得这么甜了呢？"就这样，夫妻之间开始愉快地商量买房的事情。后来，岳父、岳母的确给陈培支援了一部分买房的钱，陈培感受到岳父、岳母的真诚和对他们的疼爱，也就情不自禁地称呼岳父、岳母为"咱爸""咱妈"了，他与乔羽之间的关系也越来越亲密，感情也更加深厚。

"我"与"我们"之间，只是一字之差，但是在沟通中带给他人的感受却是截然不同的。在人际沟通的过程中，如果能用"我们""咱们"等，就不要以"我"生硬地把他人拒之门外，唯有如此，才能用沟通促进人际关系的发展，使人与人之间的感情越来越深厚。

每个人都有自我意识，不同的是有的人的自我意识强烈，有的人的自我意识相对薄弱。在与他人沟通的过程中，要想第一时间拉近与他人的关系，要想与他人深入地交流，我们就应该暂时减轻自我意识，不要总是以强势的态度想让别人接受自己。没有人愿意被强迫，每个人都有自己的意见和看法，所以与人沟通的过程中要想避免引人反感，最重要的就是不强迫他人。如果他人心不甘情不愿，即使你再努力，把话说得再动听，那又有什么用呢？最重要的是以适宜的态度打开对方的心扉，才能把话说到对方的心里去。

多使用"我们"，拉近与他人的心理距离，给予他人良好的沟通体验，这对于促进人际沟通是很有好处的。每一个善于沟通的人，未必在沟通方面有着多么高明的技巧，但是他们很善于使用"我们""咱们"之类的字眼，这会给对方带来良好的沟通体验。

沟通艺术：没有人喜欢被他人强迫着接受某种观点，他们更希望自己可以从容应对交谈，也希望自己在交谈中会有出色的表现。越是自我意识强的人，在与他人交谈时越是应该摆正心态，这样才能更加卓有成效地促进沟通，让沟通事半功倍。

●●激起共鸣，沟通更顺畅●●

对于爱情，很多人以琴瑟和鸣作为最高境界；对于沟通，要想实现谈笑风生，同样要有效地激发起对方的共鸣，这样才能让沟通更顺畅，也真正实现事半功倍。人是群居动物，要在人群中生活都要经历各种各样的过程才能真正地成长起来。所以更要激发起共鸣，才能让沟通顺遂如意，让一切进展顺利。

作为群居动物，人要在人群中生活，也知道沟通的重要性。沟通是人与人之间的桥梁，能够让心与心交流融通。人们不但愿意与他人分享自己的喜怒哀乐，而且也愿意与他人分享自己的痛苦与忧愁。正如有人所说的那样："一分快乐经过分享变成双倍的快乐，一分痛苦经过分担变成半分痛苦。"由此可见，沟通是人际关系中最重要的协调方式，需要不断地磨合才能让沟通达到良好的效果。

看到这里，也许有人会说："我与他人很难产生共鸣。"如果出现这样的情况，那么你一定要考虑自己的表达方式是否出现问题。尽管每个人是这个世界上独一无二的生命个体，但是每个人也有共同点。要想找到自己与他人的共同话题，要想让自己与他人更友好地相处，就要最大限度地调整思路，顺其自然地附和他人，才能最大限度地激发出他人的谈兴。所谓共鸣，尤其是在面对陌生人的时候，并非真的能够发自内心的契合，如果能在语言上更多地尊重和理解他人，也能够顺着对方的话题说下去，那么就会产生共鸣。有些人是"话题终结王"，不管别人说什么，只要他们一搭话，话题就会马上终止。这不是因为他们的智商有问题，而是他们的情商有问题。所以要想提升自己的沟通能力和技巧，除了要有高智商之外，更要有高情商，学会与时俱进，最大限度打开他人的心扉，让自己与他人的沟通顺利地进展下去。

作为一名推销员，小司主要负责为工厂推销大型设备，这也就意味着他跟进一个客户往往需要几周甚至几个月。小司在刚刚从事推销工作的时候，尽管他的专业能力很强，但总是处处碰壁，这到底是为什么呢？因为小司不会聊天。例如，客户问小司是否会打高尔夫球，小司马上说："我不会。"这样生硬的三个字，把客户一下子就堵得哑口无言，无奈，客户只好终止谈话。实际上，小司真的不会打高尔夫球，但是他却可以换一种方式，激发起客户的谈兴，引起客户的共鸣。

客户问小司："你会打高尔夫球吗？"小司谦虚地说："皮总，您真是说笑了，我怎么会打高尔夫球呢。高尔夫球是高雅的运动，是您这样的贵族阶层才能玩的，坦白说，我一直都对高尔夫球很感兴趣，但是连高尔夫球场的门都没进过呢。不过，我在电视上看过打高尔夫球，知道高尔夫球是按照进洞来计算成绩的，我还很纳闷对于平地上的那么一个洞，如何就能把球打进去呢？"

听到小司的话，客户很高兴地为小司讲述关于打高尔夫球的事情，小司也听得兴致盎然，时不时地给予客户回应。最终，客户一高兴，对小司说："这样吧，明天我请你打高尔夫球，我来教你。"小司连连致谢，受宠若惊。

这样一番话说下来，客户一定会因为受到小司的恭维而感到高兴，同时，也会因为小司虚心请教的态度，而对小司刮目相看。所以客户才会愿意邀请小司打高尔夫球。这是因为小司激发起了客户的共鸣。从小司的优秀表现来看，即使小司并不懂得打高尔夫球，也不会打高尔夫球，但是小司依然可以激发起客户的共鸣，让客户愿意告诉他如何打高尔夫球。

从本质上而言，激发共鸣的方式有很多，例如，如果懂得客户所说的事情，就可以与客户深入交流。如果不懂得客户所说的事情，还可以借机适度恭维，从而让客户得意扬扬。当然，不仅仅是面对客户，这样的沟通技巧适合用在很多场合。只要在平日里勤于练习，把技巧运用得恰到好处，就能起到最佳的效果，也能让一切进展顺利。

沟通艺术：人在为人处世方面要坚持原则，实际上坚持原则固然没错，但是如果一味地坚持原则，不懂得变通，就会变得迂腐。在沟通过程中灵活机智，随机应变，既能够坚持原则，又能够最大限度地激发起对方的谈兴，才可谓一举两得。此外还要注意，在与人沟通的时候不要说太多的专业术语，否则就会让对方一头雾水，何谈共鸣呢？说话做事，都要因人制宜，唯有对不同人的脾气秉性做出相应的对待，才能让沟通更加顺畅和有效。

●●先同意再反驳，得到他人信任●●

在人际沟通的过程中，总会遇到与他人意见相左的情况，在这个时候不要一味地强迫他人接受我们的意见和观点，要先同意再反驳，从而才能赢得他人的理解和信任，让他人更容易接受。

在人际沟通中，你愿意一开始就被对方先批评一通，或者是被对方傲慢地对待吗？当然不愿意。既然如此，也就不要用这种方式去对待别人。虽然你认为自己所说的一切是对的，且能够切实有效地帮助他人，但也要讲究方式方法，不要一味地强迫他人接受你的意见和态度，否则只会事与愿违，使得他人对你持有的各种观点更加抗拒。

每个人都有很强烈的自我意识，都希望自己的意见和观念被他人所接受，而不愿意自己的观点被反驳。在这种情况下，要想让我们的观点和意见为他人所接受，或者至少不为他人所抗拒，最重要的就是讲究方式方法，以最适宜的态度把对对方的建议说出来。其中，最卓有成效的办法就是先肯定对方的态度，这样能够有效消除对方的戒备心理，不至于让对方觉得和你处于对立面。当对方不再对你心怀芥蒂，愿意敞开心扉与你交流时，你也就成功了一半。

很多莽撞的年轻人习惯于以自我为中心，在与人相处的过程中总是直接反驳他人，导致交谈无法继续下去。人都爱面子，有自己的尊严，与其因为直截了当地反驳导致对方颜面尽失，不如为了达到目的先认可对方，维护对方的尊严，给对方足够的面子，这样才能避免与对方针尖对麦芒。常言道，一句话说得人笑，一句话也能说得人跳，同样的一句话，换作不同的人来说，或者是让同一个人以不同的表达方式去表达，取得的效果也是截然不同的。善于交际的人未必有高智商或者高情商，但是他们很善于以肯定的方式打开他人的心扉，从而让自己与他人的沟通事半功倍。

娜娜即将参加高考，正在填报志愿。娜娜的爸爸妈妈是中年得子，如今娜娜要上大学了，爸爸妈妈也已经六十出头。为了能够让唯一的宝贝女儿留在身边，爸爸妈妈几次三番劝说娜娜报考省城的大学，这样可以离家近一些。但是娜娜不以为然，只想着可以借着上大学的机会摆脱爸爸妈妈，因而坚持要把志愿报得更远一些。家里的亲戚朋友知道娜娜的想法后，也劝说娜娜应该更多地为爸爸妈妈考虑，但是娜娜不以为然，甚至觉得爸爸妈妈很自私。

一天，舅舅家的表姐来找娜娜玩。娜娜一看到表姐，就对表姐说："表姐，你可以和我聊天，但是不要劝我。"表姐故作惊叹："我劝你干什么，我觉得你的想法完全正确啊。我当初参加高考的时候，和你的想法一模一样，根本不愿意留在家附近，我想着自己都被管了这么多年，从小到大就没享受过自由，还不能自由一下了吗？"听了表姐的话，娜娜两眼放光，显而易见，表姐把话说到娜娜的心里去了，她很愿意像表姐所说的那样得到彻底的自由。娜娜问表姐："最后，你为何在上海上完学又回来了呢？我觉得在哪个城市读大学，就应该留在哪个城市工作。"表姐无奈地说："你还小，不知道情况，我大学还没毕业呢，我妈妈因为脑梗塞导致瘫痪，我爸爸还不小心摔断了腿。他们就我这一个女儿，我不管他们谁管呢！所以我参加完毕业答辩，就赶紧回家了。原本想照顾他们一段时间就回去，后来发现人老了身体真是一天不如一天，不是这里出毛病，就是那里觉得疼。总而言之，就是没有消停的时候。我再一想，上海离咱们家这么远，我要是隔三岔五地请假回家，哪个老板愿意用我啊！老人也一天比一天老，问题只会越来越多。所以我就决定回来工作了，这样至少离家近，可以照顾老人，并且老人也能帮我照顾孩子。现在，我们就是互帮互助，两头的老人有空暇就帮我们带孩子，我们等到老人有不舒服的时候就及时照顾。"

表姐的话让娜娜陷入沉思，她意识到自己的爸爸妈妈比舅舅、舅妈更年迈，未来一定也会有各种各样的问题。家近是一宝啊，如果在省城读书和工作，她能随时回来看爸爸妈妈，而且等到以后条件好了，也可以把爸爸妈妈接到省城，不至于让他们老了离开家乡时觉得不舍，毕竟省城离家近，与兄弟姐妹们见面方便。就这样，娜娜决定报考省城的大学，未来在省城安家落户。

在这个事例中，表姐之所以能够成功地说服娜娜，让娜娜改变主意，就是因为表姐没有像其他人那样从一开始就否定娜娜的想法，或者强制要求娜娜必须按照父母的意思去改变自己的心意。相反，表姐从第一句话就认可了娜娜的想法，对娜娜的选择表示完全理解。正因为如此，娜娜才不会抗拒表姐，能够虚心听进去表姐的话。等到表姐娓娓道来自己为何要在大学毕业后回到家乡工作时，娜娜其实已经有些动摇了。她想到自己的父母年纪更大，未来自己也一定会走表姐的老路，在享受几年的自由之后还得回到家乡，回到父母身边。娜娜经过理智的思考后，决定改变思路，一步到位地安排好自己的大学生活和毕业之后的人生。

人际交往中，意见不统一是经常发生的情况，如果我们总是因为意见不统一就与他人发生争执，非但不能圆满地解决问题，还会事与愿违，甚至使人际关系破裂。明智的人不会一味地强求他人服从自己，而是会最大限度地调整好心态，给予他人更大的空间去自主选择。即使在劝说他人的时候，他们也会不露痕迹，如同春雨润物一样细致无声。

沟通艺术：从心理学的角度而言，认同他人的观点相当于把他人放在完全平等的位置上，可以与他人进行良性的沟通和互动。人是有互惠心理的，当我们先认同他人的观点时，出于互惠的心理，他人也会宽容地接纳我们的不同意见。只要能够保持良好的沟通氛围，沟通也就水到渠成了。

●●没有人会拒绝赞美●●

要想营造良好的沟通氛围，与他人顺利沟通，我们就要学会赞美他人。在这个世界上，没有人会拒绝赞美，也没有人会对他人的赞美听若惘闻。掌握了赞美的技巧，一个人就相当于拥有了打开他人心扉的神奇钥匙，未来与他人的交往一定会进展得更加顺利，沟通也会事半功倍。

喜欢看武侠小说和武侠影视剧的朋友们一定会对武侠经典《天龙八部》印象深刻。尤其是很多《天龙八部》的书迷、影迷，更是对乔峰、阿紫等主角印象深刻。尤其是阿紫，古灵精怪，活灵活现，让人看过之后根本无法忘记。阿紫的师父是星宿老怪，很多弟子知道星宿老怪喜欢被奉承，因此想出口号时刻挂在嘴边喊着。然而，星宿老怪对于这千篇一律的口号，听得久了就感到厌烦。然而阿紫则不同，阿紫很聪明，每次赞美师父的时候总是能想出与众不同的赞美语言。因此，师父非常宠爱和器重阿紫。由此可见，我们不但要学会赞美他人，对他人不吝啬赞美，还要更加用心，让自己的赞美与众不同，从而才能成功地打动他人的心。

尤其是对于他人那些显而易见的优点，也许在接受你的赞美之前已经得到过无数人的赞美，在这种情况下，和他人一样的赞美无法达到预期的效果。所以，我们要想恰到好处地赞美他人，要想把赞美说得更加打动人心，就要多用心，把赞美的话说得更别致。前提是，我们要发现别人不为人知的优点和长处，这样才能卓有成效地以赞美打动他人。

看到这里，也许有很多朋友会觉得为难，总觉得对于那些出类拔萃的人，一定有很多优点都已经被赞美了个遍，再也没有任何可被挖掘的闪光点。其实不然，这种想法是完全错误的。哪怕是一个公众人物整天被大众看在眼里，被无数人评说，他们也依然会有不为人知的优点。反之，哪怕是一个普通人，看起来平淡无奇，不为人所看重，但也一定会有自身的优点和长处，也是值得赞美的。所以我们不要因为一个人总是得到赞美或者因为一个人平淡无奇，就对这个人感到失望，觉得对方根本不值得赞美。人人都喜欢被赞美，没有人会拒绝赞美，要想与人拉近距离，顺畅沟通，就要学会不遗余力地赞美他人。

1960年，时任法国总统戴高乐去美国访问。为了准备欢迎戴高乐的宴会，当时担任美国总统的尼克松花费了很多心思，尼克松夫人也大显神通，她除了准备好很高规格的国宴之外，还精心布置了一个造型奇特而又巧妙的鲜花展台。

鲜花展台是由一张马蹄形的桌子搭建起来的，在桌子中间摆满了娇艳欲滴的热带鲜花，鲜花中间还簇拥着一座美丽精巧的喷泉。戴高乐看到这个鲜花展台，意识到这一定是女主人的精心布置，当即慷慨地赞美女主人："夫人真是蕙质兰心，居然能够布置出这么漂亮的鲜花展台。尤其是喷泉的流水淙淙，仿佛让人置身于热带丛林之中，这种感觉好极了。而且鲜花也布置得错落有致，让人赏心悦目。"听到这样的赞美后，尼克松夫人高兴极了，从此之后，尼克松夫人始终对戴高乐总统印象深刻，而且给予了戴高乐极高的评价。

　　大多数人觉得尼克松夫人帮助尼克松总统设计宴会迎接戴高乐总统，完全是分内之事。殊不知，尼克松夫人的独具匠心同样希望得到他人的赞赏，不愿意被他人无视。在这种情况下，戴高乐总统作为最尊贵的客人发现了尼克松夫人的用心，因而大力赞赏尼克松夫人，所以给尼克松夫人留下了好印象。

　　要想赞美独具创意，除了要发现对方不为人知的优点之外，还要让赞美之词听起来耳目一新。如果赞美之词是老生常谈，空洞无物，即使我们发现了他人与众不同的优点，也很难让赞美成功地打动人心。

　　沟通艺术：要想让赞美一语中的，达到预期的效果，最重要的是要成为高明的赞美者。首先，要了解他人，深入挖掘他人不为人知的优点。其次，要真诚赞美他人，表现出自己足够的诚意，这样的赞美才能打动人心。最后，赞美还要具体而生动，切勿言之无物。唯有用心去赞美他人，我们才能让赞美出奇制胜，也才能以赞美来有效地提升人际关系，增进人际感情。

第四章　放下自己，坦诚相待

这个世界上，没有人是全能手，也没有人能够面面俱到做好每一件事情。当遇到自己无法解决的问题时，与其死扛着，不如主动向他人寻求帮助。当然，求助于人也并非一件简单的事情，除了要"厚"点脸皮，还要"有点意思"，才能得到他人的帮助，得到他人有求必应的对待。

●●人际关系是你最大的资源●●

在现代社会中，人际关系已经成为最重要的资源，很多在社会上求生存的人知道，不但要有过硬的专业知识和技能，更要有人脉，这样才能在必要的时候得到他人的友善对待。正所谓得道多助，失道寡助，说的就是这个道理。

有千里马，还要有伯乐，这样才能发现千里马，让千里马派上大的用场。如果没有伯乐的赏识，也许千里马要被埋没，也就不能展现自己的能力，更不能尽情展示自己的风采。由此可见，千里马固然重要，但伯乐更为重要。千里马和伯乐缺一不可。在现代社会中，虽然我们不是千里马，但依然需要去展示自己的舞台。在这种情况下，就要尽力发掘人际关系，最大限度地激发自身的能力，也要找机会结识生命中的贵人，才能让自己得到认可和赏识。当感到迷惘或者过分骄傲和得意的时候，我们还可以被人泼一泼冷水，这样才能时刻保持冷静和理智。实际上，古代的大奸臣秦桧还有几个好朋友，更何况是我们呢？

在现代社会中，人际关系被提升到前所未有的高度，任何人即使能力再强，也不可能完全凭着自身的能力把一切事情都做好。正如动画片《三个火枪手》中提到的那样，我为人人，人人为我。只有与志同道合的人彼此扶持和帮助，在对方有需要的时候能够主动伸出援手，在自己有需要的时候也能够向他人求助，人生才不会那么尴尬和冷漠。

很多时候，我们会陷入人生中看似无法挣脱的困境。实际上，人生是没有绝路的，所以当感到走投无路的时候，不要急于放弃，而要想着如何才能为自己开辟新的人生出路，给予自己更加强大的力量度过人生的艰难坎坷。民间有句俗话，人情就是用来欠的。每个人要更加积极主动地面对人生，与他人搞好关系，与他人相互帮助与扶持，才能在原本艰难的生存境遇中得到更好的成长和发展。尤其是当自身力量不足的时候，每个人要学会借力，才能融合他人的力量，让自己有所成就，达成预期的目标。

很多人不愿意欠别人的人情债，殊不知人情就是用来欠的。人都是群居动物，每个人在社会生活中既要更加积极主动地帮助他人，也要向他人寻求帮助，才能在来往中增进感情，让自己与他人的感情更加深厚。如果每个人都明哲保身，只顾着自己，而丝毫不愿意与他人有任何往来，则必然会使自己陷入被动和尴尬之中无法自拔。尤其是那些生命中的贵人，更应该珍视和善待。当然，在人际交往中我们不应该过于急功近利。当不知道到底谁是我们生命中的贵人时，只有怀着平等的态度对待每个人，才能妥善地处理好人际关系，在社会交往中成功借力。

作为一家企业的人力资源部主管，刘波在工作中遇到了麻烦。公司里的一名员工在出差的过程中，因为乘坐的交通工具出现意外事故，导致腿部骨折。发生这件事情之后，公司马上派刘波处理此事，刘波第一时间代表公司去医院表示慰问和探望，给员工报销所有的医药费和误工费。但是对于如何更进一步处理此事，刘波并没有任何经验可以参考，因为这是公司第一次发生这样的事情，刘波在职业生涯中也是第一次遇到这样的事情。

思来想去，刘波都不知道如何处理，原本想去请示老总，但又担心被指责缺乏工作能力。刘波突然想到：我为何不给工作中遇到的同行打电话求助呢？果然，人多力量大，同行们七嘴八舌为刘波出了很多主意，还有些同行有过处理类似事件的经验，因而给出的建议具有很强的可行性，也特别中肯。刘波对此很感激，当即把各种意见和建议进行汇总，而且结合公司的情况进行整合。最终，刘波制定出了合理的解决方案，而且把此类事件的预案也上报给了老总。看到刘波的处理速度这么快，而且方案合理，预案周全，老总表扬了刘波，还说刘波对待工作认真细致，是做人力资源工作的一把好手。

可想而知，在经过这件事情之后，老总一定会对刘波刮目相看，说不定刘波的职业生涯也会因此而进入一个更好的阶段。这就是人脉资源的力量。

常言道，一方有难，八方支援。对于刘波而言，能够做到一经求助，就得到他人的帮助，实属难得。

在人际交往中，我们一定要尽量维持好人际关系，在遇到困难的时候，能够向他人求助。当然，付出与给予是要保持平衡的，在从他人那里得到无私帮助的同时，我们也要理解他人的付出，从而在他人有需要的情况下，也全力以赴帮助他人，给予他人最好的对待和回应。唯有如此，我们与他人之间才能建立和谐融洽的关系，也才能形成互帮互助的共识。尤其是在工作中，没有人能够独当一面，只有建立合作意识，才能最大限度地集中团队的力量，从而让自己在事业上有所发展，真正获得成就。

人际关系有很多种，不管是朋友关系、亲人关系、同学关系、同事关系，还是与陌生人之间建立的关系，都有可能对我们的人生起到积极的作用。在现代社会中，我们要重视每一种关系，平日里就要多维护关系，而不要在遇到困难的时候才想起来去与人相处。所谓平日养兵千日，危急时刻用兵一时。人际关系也是如此，重在平日里的维护，而不是要等到用的时候，才想起来自己还有一个不常联系的朋友。

沟通艺术：没有人知道谁是自己的贵人，谁不是自己的贵人，所谓相识就是缘分，在与不同的人相处时我们要珍惜这份缘，从而才能把人际关系经营得风生水起，储存更多的人际情谊，让自己在遇到危机时得道多助，从容应对。

●●先满足对方，让对方无法拒绝●●

常言道，赠人玫瑰，手有余香。生活中，很多人有着高尚的情怀和优秀的品质，他们常常会主动帮助他人，而不奢求他人的回报。他们得到了内心的满足，因为帮助了别人而觉得自己付出的一切都是值得的。然而，这是因为付出者心甘情愿。作为求助者，在不知道他人是否愿意帮助自己的情况下，一定要学会先付出，从而才能让他人主动付出，帮助求助者。

常言道，一个篱笆三个桩，一个好汉三个帮。在漫长的生命历程中，每个人都想取得属于自己的伟大成就，都想最大限度地发挥自身的力量，从而让自己更加积极主动地面对人生。对于每个人而言，与其一味地沉浸在虚无缥缈的幻想中无法自拔，不如认识到现实情况，从而给予自己准确的定位。

一个人要想有所成就，只靠自己是不可能实现的。每个人在人群中生活，离不开他人的帮助，唯有如此，才能最大限度地发挥自身的力量，获得成功。否则，失道寡助，一旦陷入困境之中就会无法自拔，也会使自身发展受到局限。因此，真正明智的朋友，既重视人际关系的发展，也会揣摩他人的心思，从而让自己的求助得到积极的回应。

虽然说赠人玫瑰，手有余香，但是作为求助者，我们不能让别人白帮忙。如果不能给人以物质的回报，至少要在语言上多感谢他人。当然，这是帮忙之后的事情。要想在帮忙之前与对方拉近关系，从而让对方心甘情愿地帮助自己，在有条件的情况下，还可以先为对方付出，从而让对方的帮助理所当然。如果不能给予对方切实有效的帮助，还可以尽量在语言上感谢对方，给予对方真心诚意的回馈。这样一来，才能争取有求必应，也才能最大限度地处理好人际关系。总而言之，不要觉得别人对自己的帮助是应该的，每个人既想得到"赠人玫瑰，手有余香"的满足，也想得到他人的真心感谢，所以要想求助于人，一定要在每个方面都做到最好，理性地满足自己的需求。

美国有个从著名的耶鲁大学毕业的年轻人，是一位年轻有为的矿冶工程师。大学毕业后，他为了提升自己的学习能力，特意去德国的一所著名大学继续深造，并取得了硕士学位。然而，当年轻人带着值得骄傲的文凭去矿产公司求职的时候，却遭到了从未想过的困难和阻碍。原来，这家矿产公司的矿主脾气古怪，性格执拗，他因为自己没有文化，因而很讨厌那些有文化的人，尤其是不喜欢拿着名牌大学毕业证就自以为了不起的"理论家"。

年轻人恰恰遇到这样的矿主，当他骄傲地把自己的文凭交给矿主的时候，原本还指望矿主能给他更好的待遇，却没想到矿主不以为然地说："年轻人，你的学历很高。但是，我不想用你，因为读书读傻了的你一定满脑子都是无用的知识，我这里只需要实干家，不需要百无一用的书生。"年轻人没有得到预期的认可和赏识，反而被矿主嘲讽一番，但是他并没有感到失望和慌张，而是气定神闲地对矿主说："老板，坦白说，我根本不想读大学，都是因为父母坚持让我去读，我没有办法，才不得不搪塞他们。这不，我也是费了很大的力气才拿到这个毕业证。"听到年轻人这么说，矿主感到很高兴："真的吗？"年轻人嘻嘻笑起来："我只是相信你，才和你说了真话。但是，无论什么时候，你千万不要把这件事情告诉我的父母啊，他们一定会把我的腿给打折的。"听到年轻的人这番话，矿主不由得笑了起来，他当即答应让年轻人次日来公司上班。就这样，年轻人顺利通过面试，没有成为又一个被固执的矿主拒绝的人。

很多人看完这个事例都会觉得好笑，更不会觉得矿主居然这么糊涂，宁愿要一个一无是处的人，也不愿意要一名高材生。然而，每个人的脾气秉性不一样，未必人人都追求高学历，因而在遇到和世俗的标准截然不同的人时，最重要的不是为对方指出缺点和不足，而是要顺应对方的想法，及时调整自己。所谓先满足对方，指的是满足对方的心理，唯有如此，才能让与对方的沟通顺利进行下去。

人心是这个世界上最复杂的东西，每个人都要有自知之明，既不要妄自菲薄，也不要妄自尊大，从而才能摆正自己的位置，让自己更加坚定不移，勇敢向前。否则，如果不能正确摆正自己，总是会在与人交往的过程中遇到各种困难和阻碍，也会导致一切进展艰难。

沟通艺术：记住，不管是从物质上满足他人，还是从精神上满足他人，最重要的是给予他人满足感，或者是认可和肯定他人，从而与他人变成统一战线的盟友，这样他人才会最大限度地给予我们更多的帮助。如果总是想要空手套白狼地求得他人的帮助，往往很难如愿以偿。

●●动之以情，激起他人的同情心●●

真诚是人与人之间沟通的基础，如果没有真诚，一切的沟通都会显得很无助，根本没有效果可言。尤其是在求助他人的时候，千万不要觉得他人会理所应当地帮助我们，而是要动之以情，还可以适当示弱，从而成功地激发起他人的同情心。

人生在世，谁能说自己一辈子都不需要他人的帮助呢？一个人即使能力再强，也总是会有能力不足的时候，更不可能在人生之中面面俱到。因而一个人要想有所成就，就一定要学会求助于他人，让自己得到他人的鼎力相助，这样才会具有获得更大成功的可能性。很多细心的朋友会发现，求助之所以被拒绝，并不是因为对方不愿意帮助我们，或者与我们有什么深仇大恨，反而很有可能是因为我们某句话没有说得恰到好处，或者是因为我们某个细节做得不到位。既然如此，我们就应该做得更全面，在求助的时候也要动之以情，这样才能成功激发起他人的同情心，让他人心甘情愿地帮助我们。

人是感情动物，每个人都有感情。要想打动他人的心，就要以情动人，才能让人主动帮忙。否则，如果以权势压迫他人，或者以祈求的方式让他人无从拒绝，这些行为往往会招人反感。

在金融危机爆发的困难时期，找工作难上加难，很多人陷入了失业的窘境，无法赚取足够的金钱来养家糊口。为此，有些人整日奔波找工作，有些人被逼无奈，走投无路，最终只得铤而走险，让自己陷入更加危急的情况之中。

苏珊最近在找工作，自从大学毕业后，她已经赋闲一段时间了。如今大学毕业生很多，但是合适的工作岗位却很少。因此，苏珊先找了一份在珠宝店销售珠宝的工作。苏珊很珍惜这来之不易的工作机会，自从父亲去世之后，一直是妈妈在辛苦地工作来养活她和弟弟，所以苏珊最大的愿望就是减轻妈妈的负担。苏珊家住得比较远，但她总是早早起床，每天早晨，第一时间来到店里打扫卫生，收拾展柜。等到同事们来上班的时候，苏珊已经把这些零碎活都干完了。

圣诞节到了，天上下起大雪，苏珊担心路上难走，因而比平时更早地来到店里。她打开店门，拿出干净的布正准备擦拭首饰，突然远远地看到有一个身材佝偻、衣衫褴褛的男子朝店里走来。苏珊很忐忑，街道上空无一人，这名男子推门而入。正在苏珊紧张的时候，电话铃突然响了。苏珊心中一惊，手一哆嗦，居然把一盒戒指弄散了。接完电话，苏珊开始收拾戒指，突然发现少了一枚戒指。此刻，那名男子正准备走出门外。苏珊心中一动，对着他的背影说道："先生，请留步。最近，大家都很艰难，不是吗？我花费了很长的时间才找到这份工作，这是我大学毕业之后的第一份工作。我最大的愿望就是帮助妈妈分担养家的重担，因为自从爸爸去世，是妈妈一直在很辛苦地抚养我和弟弟……"说完这些话，看到那名男子停下了脚步背对着她站在门口，苏珊觉得心中有了希望，她继续请求他："请求您，先生，我特别想把这份工作做好，我真的非常需要这份微薄的薪水。"就这样，男子沉默了片刻，缓缓地转过身，对苏珊伸出手并走向她："你是个很优秀的女孩，你一定能把这份工作做好。"苏珊激动地迎上前去，也伸出手和男子紧紧地握手。男子走了，苏珊站在那里，她的手心里紧紧地握着丢失的那枚戒指。

在这个事例中，苏珊之所以能够成功地打动男子，是因为她在请求的时候饱含感情。她很清楚，没有人能证明戒指就在男子手里，也知道如果真的发生冲突自己根本不是他的对手，为此她只好采取这样真诚求助的方式，以感情打动他，让他放弃带走这枚戒指。最终，苏珊真的做到了，她如释重负，又非常感谢他。实际上，苏珊之所以能顺利地打动他，就是因为她与那名男子一样身处困境，所以她所诉说的真情实感才能打动他的心，也让他对她产生同情心，心甘情愿地归还戒指。

帮人就是帮自己，当被求助者有这样的心态时，也就意味着求助者的求助成功了一半。其实，人与人之间很容易产生共鸣，尤其是对于有共同经历的人而言，求助者之间也就会更加真心诚意，心甘情愿。

沟通艺术：每个人都有感情，在求助于他人的时候，如果能够以真情实感激发起他人的同情心，则会更容易得到他人的帮助。当然，需要注意的是，针对不同的求助对象，在以情动人的时候一定要讲究策略，讲究方式和方法。否则，当求助者不小心提起了被求助者的伤心事，则会事与愿违。

●●让他人觉得帮你就是在帮自己●●

很多时候，我们求助他人之所以被拒绝，就是因为不知道如何做才能打动他人，也不知道怎样才能把自己的心意与他人的心意相互贯通，从而让他人心甘情愿地帮助我们。实际上，一旦产生共鸣，或者让他们对我们的遭遇感同身受，他们就更愿意帮助我们，也会拼尽全力扶持我们。

在人际交往的过程中，总是会遇到各种各样的困难和阻碍，在这种情况下，当自己的力量不足以渡过难关的时候，向他人寻求帮助，得到他人的慷慨解囊，就显得至关重要。所谓一方有难，八方支援，正是告诉我们必须最大限度地挖掘自身的潜力，充分利用人脉资源，从而才能让一切进展顺利。

那么，求人帮忙时，得到帮助的关键在于什么呢？那就是要产生心理共鸣。所谓心理共鸣，就是一种心意相融的方式，也是人与人相处的艺术和技巧。关键在于要避开对方的忌讳，不要哪壶不开提哪壶，也不要说起对方的伤心事，而要以真情实感打动对方，这样才能让对方切身感受到你的所思所想，也能够真正站在你的角度考虑问题，因为此时此刻对方已经成为了你。

早在年轻的时候，伽利略就下定决心要从事科学事业。然而，他的父亲并不支持他，也常常试图改变他的人生志向。因而，伽利略最伟大的梦想就是赢得父亲的同意和得到父母的大力支持和帮助。然而，父亲很固执，不管伽利略怎么苦苦哀求，他都不为所动。思来想去，伽利略终于想出了一个说服父亲的好办法。

他问父亲："父亲，您是如何与母亲结婚的？"

父亲毫不迟疑地回答："我喜欢你的母亲，见到她的第一面就无法自拔。"

伽利略又问："那么在这一生之中，你可曾还爱过其他的女人吗？"

父亲陷入沉思，良久才动情地说："除了你的母亲，我这一生从未爱过任何人。我的家人曾经主张我娶一位贵族的女孩，但是我只对你的母亲情有独钟。你的母亲年轻的时候是个不折不扣的美人，而且她气质温婉，是很容易让男人心动的。"

伽利略说："的确如此，我的母亲直到现在也比很多人美丽。您一定很爱我的母亲，所以才会把其他人拒之门外，我能理解您的感情，因为此时此刻我也像您深爱母亲一样深爱着科学事业，我这一生将像您钟情于母亲一样只钟情于科学事业。"

听了伽利略的话后，父亲知道了伽利略对于科学的痴迷，因而不再阻挠他从事科学事业，改为支持伽利略进行科学研究。为了帮助伽利略申请到奖学金，父亲还联系了自己的朋友给伽利略提供方便。正因如此，伽利略才能成为世界上最伟大的科学家之一，也才能在科学方面做出卓越的贡献。

伽利略说服固执的父亲是很有技巧的，首先，他没有一味地强调自己对于科学的感情和热爱，而是询问父亲和母亲的感情。在得知父母对母亲是一见钟情之后，伽利略勾起了父亲的回忆，让父亲意识到一见钟情的感觉到底如何。这样一来，父亲自然可以设身处地地了解伽利略对于科学事业的追求，从而态度由强烈反对改为坚定支持。正是因为有了父亲的支持，伽利略才能在科学研究的道路上越走越远，也才能真正在科学研究方面获得长足的进步和发展。其次，要想引起他人的共鸣，还要讲究一定的方式方法。记住，引起他人共鸣的沟通方式不适合开门见山，因为开门见山地诉说自己的感情，在他人没有准备好的情况下，根本无法达到良好的效果。所以要先对他人进行感情带入，在感情的渲染之中，帮助他人做好感情的准备，然后再把话题引到自己身上。说别人的目的归根结底还在于表达自己的意见和想法，因而哪怕把别人说得再好，也不要自己欺骗自己，要不忘初心，方得始终。简言之，就是要把自己内心的真实想法都表达出来，从而让对方明白。再次，还要强调沟通的目的和主题，这样才能得到深化。最后，当事情进入结束阶段的时候，还要做好收尾工作。所谓虎头蛇尾，指的是人们在做事情的时候只顾着大张旗鼓地开始，而不能保持足够的耐心，因此不能拥有美好的结局。唯有有始有终，才能让沟通达到良好的效果，也才能让一切进展顺利，事半功倍。

沟通艺术：每个人要想在与他人沟通的过程中，激发起他人的共鸣，就要营造代入感很强的情境，从而才能循序渐进地把人带入到具体的情境之中。大多数人在与他人相处的时候，都会遇到各种各样的分歧，要想统一意见，要想在遇到难题的时候得到他人的帮助，就一定要把话说到他人的心坎里，激发起他人的共鸣。

●●没有永远的敌人，只有永远的利益●●

大名鼎鼎的英国前首相丘吉尔曾经说过，这个世界上没有永远的敌人，也没有永远的朋友，只有永远的利益。这句话听起来有些极端，但认真仔细地想想，其实很有道理。人与人之间固然有真情，也会有仇恨和怨愤，但是这些复杂的感情在利益面前，都无法保持长久的稳定，唯有利益一致，才能统一战线。

一个人要想得到他人的帮助和支持，只一味地请求别人是行不通的，更不能强迫别人必须帮助自己。而是要用利益驱使别人帮助自己，让别人心甘情愿地帮助自己，从而如愿以偿地得到别人的帮助。这样的驱动，才是成功的。

对于历史上很多大名鼎鼎的人物来说，难道他们真的有伟大的力量，能够让所有人都心甘情愿地追随他们吗？当然不是。一切追随，都建立在志同道合的基础之上，是因为领导者与追随者的目标相一致，所以追随者才能更加不遗余力地追随领导者。朋友之间讲究志同道合，人与人之间也需要志同道合，为了共同的目标不懈地努力，最终才能达成一致，实现共同的利益。

当然，除了志同道合之外，利益也可以作为共同点去驱动人们。人人都希望自己能够获得好的发展，然而如果目标过于远大，往往无法达到预期的效果，唯有让目标简化，让人在短期内得到切实的好处，才会对人产生更大的诱惑力。所以当不能为了远大的理想和人生目标而奋斗的时候，就要尊重自己，更要相信自己可以获得成功。把这种信心和勇气赋予他人，就会得到他人的慷慨相助。

大名鼎鼎的曾国藩，因为做出了伟大的成就，所以才能青史留名。其实，曾国藩最初掌管兵权的时候，对于下属的要求是非常严格的。曾国藩为人清正廉洁，在他的严格治理下，湘军在战场上勇往直前，浴血杀敌，因而成为一支令敌人闻风丧胆的队伍。然而，曾国藩做人的境界很高，他认为做人应该"莫问收获，但问耕耘"，他不但这么要求自己，也这样要求下属，因而在打了胜仗去向朝廷请功的时候，曾国藩不会夸大任何人的功劳，总是据实上报。

渐渐地，那些跟随曾国藩出生入死的兄弟们因为得不到曾国藩的特别照顾，有些不乐意。再次发生战争的时候，他们也不愿意冒着牺牲的危险浴血杀敌。对于将士们的转变，曾国藩觉得很纳闷，不知道兄弟们为何就突然变得贪生怕死。直到有一天，弟弟曾国荃看到曾国藩伤心的样子对曾国藩说："哥哥，你是朝廷命官，所以你追求青史留名，但是兄弟们都是无名小卒，都希望能够得到切实的利益，这样才能对得起自己出生入死的拼搏。他们希望得到金银财宝，希望得到一官半职。如果你总是连话都不愿意为他们多说一句，导致他们尽管拼尽全力，却无法得到更多的报酬，他们是不会愿意继续卖命的。"弟弟的这番话让曾国藩恍然大悟，在那之后，他开始给予兄弟们更多的照顾，为兄弟们争取更多的利益。

　　原本志同道合的人，如果在合作的过程中彼此的思想意识和行为发生偏差，他们之间就会越来越疏远。而原本志向不同的人，甚至是敌人，只要拥有共同的利益，也有可能转变思想，暂时成为同道中人，走过共同的一段路。我们无法要求别人的思想认识一定要和我们一样，更不能强求别人成为不食人间烟火的人，只需要得到精神上的满足即可。更重要的是，我们要给别人实实在在的利益，这样才能驱动别人心甘情愿地与我们为伍，给予我们有效的帮助。

　　任何人，即使能力再强，也不可能完全依靠自己的力量获得成功。每个人要想在人生中有所成就，就要正确认识自我，客观评价自身的能力。不管是在日常生活中，还是在职场上，也不管是在商海中，还是在政治生涯里，要想赢得他人的合作，要想借助于他人的力量做成一番伟大的事业，就要学会合作。中国香港首富李嘉诚之所以能够成为首富，不是因为他有显赫的家世和背景，而是因为他深谙合作之道。和大多数在商场里混迹的、利益至上的人不同，李嘉诚固然追求利益，但是始终把合作伙伴的利益放在第一位。他很清楚，唯有给予合作伙伴更多的利益，才能让合作更长久，自己也才能获得长远利益。让利，就是李嘉诚的合作之道，也是李嘉诚能够在商场上获胜的关键所在。在李嘉诚看来，与人合作，也就是要获得他人的帮助，所以必须要与他人之间建立利益关系和信任。这才是合作的基础，也是让生意长长久久的关键。

　　沟通艺术：要想在沟通的过程中赢得他人的帮助，最重要的在于合作共赢。看起来，让利的确让我们有一些小小的损失，但与此同时也让我们获得很大的收益。反之，如果不能让利给他人，我们也就无法得到收益，这样一来，我们自然会损失更多。所谓两害相权取其轻，我们一定要更加积极主动让利，才能让人生有更大的发展空间。

●●及时反馈，让他人心甘情愿地帮助你●●

求人帮忙，一定要及时给予他人感谢，哪怕不能给他人物质方面的回报，也要给予他人口头上的感谢，让他人感受到你真诚的谢意。唯有如此，他们才会更愿意帮助我们，也才会心甘情愿拼尽全力支持我们。反之，假如我们得到他人的帮助之后没有任何反馈，那么他人就会觉得自己的付出没有得到认可，因而渐渐地会失去继续帮助我们的热情。

每个人都愿意帮助他人，从而表现出自己乐于助人的优秀品质。然而，如果帮助他人之后得不到任何回应，也得不到任何感谢呢？毋庸置疑，这是一件让人伤心的事情，会让帮助他人的人陷入沮丧，甚至完全失去继续帮助他人的信心和兴趣。这样一来，求助者也许这一次能够如愿以偿得到帮助，但因为是"薄情寡义"的表现，等到再次求助的时候，一定会被无情地拒绝。其实这怨不得别人，而是因为他们对于别人的帮助无动于衷。

人是群居动物，不但具有自然属性，更具有社会属性。每个人都希望自己能够实现人生价值，希望自己的付出能够得到他人的认可和回报。在这种情况下，如果付出之后没有任何回应，人们就会变得非常沮丧，甚至彻底失去继续付出的信心。因而作为求助者，为了不让求助成为一竿子买卖，在得到他人的帮助之后，不管最终的结果如何，都要给予施助者积极有效的回应，这样才能保护施助者的信心和施助者助人为乐的热情。从另一个角度而言，及时感谢施助者，也是礼貌的表现，更是获得良好人际关系的基础和必不可少的前提条件。

需要注意的是，真挚地感谢施助者，并非意味着要给予施助者物质回报，而是要以自身的表现告诉对方，我们知道他的付出是难能可贵的，也认为他的付出是很有价值的。这样一来，对方就会感受到精神上的满足，也会更加乐于帮助你。除了运用语言表示感谢和认可之外，还可以利用表情和肢体语言。例如，在感谢对方的时候，要带着微笑，还可以用力地拥抱对方，把自己的力量传递给对方。很多细心的朋友会发现，球员在赛场上挥汗如雨赢得比赛胜利之后，往往会热情地拥抱队友，这就是他们表达内心感受的肢体语言方式之一。

也有的朋友生性腼腆，他们既无法做出夸张的表情，也无法表示出热烈的肢体语言，更不好意思直接以语言表达感谢。那么，还有很多方式可以表达感激之情。例如，利用短信、微信等书面语言方式，告诉对方我们的心意，或者给对方送上贺卡，送对方一束鲜花，这些都是很好的表达方式，都能起到传情达意的作用。或者当对方需要的时候，当机立断帮助对方，这种"滴水之恩，涌泉相报"的做法，也会让对方很感动。总而言之，所谓礼尚往来，就是指有来有往，只有你来我往，人与人之间的关系才会越来越亲密，人与人之间的感情也才会越来越深厚。

在成长的过程中，静静得到了表姐的很多帮助。表姐比静静大几岁，每当静静在学习上遇到困难的时候，表姐总是第一时间为静静答疑解惑；每当静静在人生的道路上无法排解抑郁时，表姐总是耐心地劝说静静，给静静讲道理。尤其是在高考时，静静原本胜券在握，却因为发挥失常与心仪的大学失之交臂，又是表姐陪伴了静静一个暑假。

静静动情地对表姐说："表姐，你就是我的亲姐姐，如果没有你，我真不知道如何度过这些漫长难熬的人生阶段。"表姐很感动，说："傻丫头，你就是我的亲妹妹啊！"从此之后，表姐对静静更好了。表姐生日的时候，静静为表姐精心准备了鲜花，还附带贺卡和一封长长的信。表姐读了静静真情表白的信，与静静的感情越来越深。

在这个事例中，生性腼腆的静静不好意思直接感谢表姐，先是以简单质朴的语言表达对表姐的感谢，后来又借助表姐过生日的机会，给表姐送上生日礼物、贺卡和信，也因此加深了与表姐的感情，从此以后与表姐真的比亲姐妹还亲。

首先，需要注意的是，对于他人的帮助，感谢一定要及时。哪怕只是口头上的感谢，也要先对他人说出来，这样才能起到良好的效果。如果拖延的时间太长，导致他人误以为自己得不到感谢，则会影响人际关系的发展。其次，如果想要特别感谢对方，就要专门挑选一个比较正式的场合，而不要采取随便感谢的做法，使得感谢不正式，缺乏仪式感。再次，感谢他人，要根据感谢对象的身份和地位的不同，采取不同的方式。只有有的放矢，才能让感谢事半功倍。最后，感谢一定要适度，唯有适度的感谢才能达到预期的效果，如果感谢不合时宜，还很过度，则会导致感谢的效果事与愿违。

沟通艺术：每个人应该知道，感谢他人是一种感情上的行为，不可能像简单的买卖一样做到银货两讫。一个人要想从他人那里得到帮助，就要在平日里与他人维护好关系，而不要等到用关系的时候再去临时抱佛脚。此外，在得到他人的帮助并且表示感谢之后，也不要觉得这样的关系就此结束，而是要与他人始终维持良好的关系，让彼此的情谊在你来我往中进展良好。

●●求人办事，别再端着架子●●

求人办事，最重要的就是一个"求"字。毕竟是有求于人，因此态度一定要端正、低调，这样才能最大限度地赢得他人的理解和同情。此外，在求人办事之后，还要及时表示感谢，而不要觉得别人帮助自己是应该的。总而言之，求人办事要放下架子，更要端正态度。

在大多数人的理解中，求人办事是需要低声下气的，好说好商量才能得到别人的帮助。的确，毕竟是求人办事，面对被求助的人总是要让自己的姿态低一些，才能让被求助者主动帮忙。然而，也并非所有的求人办事者都怀有这样的心态，相反，他们脸皮薄，不愿意为了求人办事而低三下四，所以在求人办事的时候反而反其道而行之，在被求助者面前表现出趾高气扬、不愿意低头的样子。如此一来，被求助者如果愿意帮忙还好，如果感到心不甘情不愿，则很有可能拒绝求助者。

不得不说的是，求人办事不但需要脸皮厚一点，还需要软磨硬泡，放下架子。记住，你是求人帮忙，而不是别人求着要帮你的忙。所以最重要的是分清楚谁是求人帮忙的人，谁是给人帮忙的人，这样才能端正心态，即使遭遇挫折，也能够越挫越勇。记住，不管你平日里是什么身份，也不管你平日里有多高的官职，只要是求人办事，就一定不要表现出高高在上、盛气凌人的样子。否则，你只会碰一鼻子灰，无法得到他人的有效帮助。

最近，作为领导的老成因为孩子上学的问题，需要请求下属配偶的帮助。为此，老成特意和下属打招呼："小张，孩子上学的事情就拜托你媳妇啦！"原本，老成以为小张在自己的手底下工作，一定会非常主动用心地帮忙，不想，半个月过去了，小张却没有任何动静，如同老成从未拜托过他帮忙一样无动于衷。眼看着孩子开学的日期越来越近，老成不由得着急起来，妻子也再三催促老成："你那个同事小张到底能不能帮忙，你要赶紧去问问，不然我就去托别人了，总之不能把事情耽误了。"老成觉得的确是这样，因此告诉妻子："我上次嘱咐小张让他媳妇办理了呀！"妻子听到老成的话很困惑，问老成："你是怎么和小张说的？"老成回答："我就告诉小张孩子上学的事情拜托他媳妇了。"妻子不由得苦笑起来："你作为领导，如果下属有事情求你帮忙，就这样告诉你一句，你能愿意办吗？"老成不解："但是我是上司，他们是下属啊！"妻子责怪道："我看你真是当领导当傻啦，把谁都当成你的下属。小张是你的下属，人家媳妇可不是你的下属。你这样吩咐一句，人家媳妇能愿意给你办理吗？退一步而言，就算小张是你的下属，如果是超出工作范围的事情，你也不能这么给人家下命令吧！"老成恍然大悟。

一个周末，老成和妻子一起到小张家里拜访。不出三天，孩子上学的事情就落实了，而且开学之后，在学校里当老师的小张的妻子还会多加照顾老成的孩子。其实，小张媳妇帮助老成只是举手之劳，只是因为一开始老成命令的语气，而且老成也没有表现出诚意，所以小张媳妇不愿意多事。现在得到了老成的尊重，而且看到老成是郑重其事地托付这件事情，小张媳妇才把事情放在心上，核实完老成的孩子符合入学条件之后，就帮忙办理了一些手续。

在这个事例中，老成一开始求小张办事不成，就是因为他端着领导的架子，对小张说话采取下命令的方式。实际上，老成的妻子说得很有道理，小张尽管是老成的下属，但是对于超出工作范围的事情并没有必要服从老成的命令。此外，小张是老成的下属，小张的妻子和老成没有任何关系，没有必要接受老成的安排。直到老成在妻子的提醒之下放下架子，去家中拜访小张夫妇，这让小张的妻子感受到了老成的诚意，这才开始发力，尽快帮助老成按照学校规矩办好孩子上学的手续。

不管一个人的身份地位如何，在求人办事的时候，都要放下架子，因为一旦有求于人，至少说明他们在某些方面是需要他人帮助的。从另一个角度而言，放下架子也是对他人表示认可和尊重，对于融洽人际关系、加深人际感情是非常有好处的。

沟通艺术：求人办事，一定要摆正姿态，端正态度。无论身份地位多高，一旦有求于人，也要摆出虚心请求的态度，这样才能得到他人的慷慨帮助。否则，一味地端着架子，表现出高高在上的模样，必然会遭到拒绝，也就无法如愿以偿地得到帮助了。

●●即使遇"冷"，也要坚持●●

求人帮忙，遇到冷待或者陷入困境，是很正常的。有些人脸皮薄，自尊心很强，在遇到冷待的时候，会感到很尴尬，因而信心动摇，想要放弃。实际上，求人需要"厚"脸皮，只要能够坚持不懈，以真心打动他人，以毅力创造奇迹，最终就能如愿以偿地得到他人的帮助。

在求人办事之前，我们一定要做好心理准备，从而才能在遭到拒绝的时候拥有承受能力，不至于因为觉得自己的面子受到伤害就感到非常沮丧、绝望。实际上，在求人办事的时候遇到冷遇，是很正常的，唯有端正心态，从容地接受冷遇，才能在求人办事的过程中坚持下去，绝不因为遭遇小小的挫折就轻易放弃。还有些人心眼小，心思狭隘，在遭到小小的挫折之后，马上对人怀恨在心，甚至会找各种机会报复他人。不得不说，这样的人根本没有良好的心态，不知道别人帮助自己是人情，不帮助自己是公道。实际上，这个世界上除了父母会无条件地为子女付出之外，没有人愿意无条件地为他人付出。所以在求助于人的时候，我们也要知道别人的拒绝理所当然，不要对得到别人的帮助抱有太大的期望。所谓希望越大，失望越大，只有怀着适度的期望，我们与他人之间才能相处融洽，也不至于因为内心失去平衡而记恨他人。

从另一个角度而言，虽然别人拒绝我们的求助是理所当然的，但是这并不意味着我们一旦遭遇拒绝就要放弃。如果说别人拒绝我们理所当然，那么我们越挫越勇，继续努力争取得到他人的帮助，也是理所当然的。决心和毅力不仅表现在为了成功而不懈追求的过程中，也应该表现在求助他人方面。即使接二连三地遭到拒绝，我们依然要不离不弃，勇往直前。记住，人生没有重来一次的机会，每个人都要在人生的道路上勇往直前，才能不断坚持，奋勇向前。当然，还需要注意的是，在求助他人的过程中，我们始终要坚定不移，坚持不懈，也要保持礼貌。所谓伸手不打笑脸人，当我们有礼貌、满面笑容地求助他人时，他人最终也会不好意思拒绝，必然会给予我们积极的回应和慷慨的对待。

1946年春天，石川岛芝浦透平公司的员工们推举土光敏夫为公司的总经理，在当时，日本刚刚战败，经济处于困境，不但企业经营困难，老百姓也常为生计所迫，生存困难。刚刚上任的总经理土光敏夫面临的首要难题就是筹措资金，别说是芝浦透平这种小公司，就算是很多大公司也资金紧张，根本无法拿到贷款。为此，土光敏夫上任之后的最重要工作就是每天拜访各大银行，为公司筹集资金。

一天中午，到了吃午饭的时间，土光敏夫带着从街道上匆匆忙忙买的盒饭来到一家银行，与银行的负责人商讨贷款的相关事宜。为了先发制人，虽然负责人表现出一副爱莫能助的样子，但是土光敏夫还是信心坚定，一定要争取到贷款。为此，负责人只好不停地搪塞土光敏夫，眼看到了午饭时间，负责人借口要吃饭准备离开，不想土光敏夫从随身带着的包里拿出两盒盒饭，自己吃了一盒，给了负责人一盒，告诉负责人：“咱们就边吃边谈吧，我愿意谈到地老天荒。”为此，负责人再也没有理由离开，在一个下午的拉锯战之后，土光敏夫成功地争取到了贷款。后来，土光敏夫又以这样的决心，为公司争取到了好几笔资金，成功地使公司资金盘活，起死回生。

土光敏夫在筹集资金的过程中不止一次遭到冷待，对于这样的遭遇，土光敏夫丝毫没有觉得懊恼，而是表现出不达目的誓不罢休的决心和勇气。仅从表面上来看，土光敏夫似乎是以死缠烂打获胜的，实际上，土光敏夫是在以真诚感动对方，从而软化对方。正是因为有这样百折不挠的精神，土光敏夫才能成功地为公司拉来贷款，筹措资金，更顺利地推进公司的发展。

求人的过程中遭到拒绝，几乎是每个求助者都会遇到的情况，这是正常的，因为没有人有责任和义务帮助我们。所以在求助于人的时候一定要拥有坚持不懈的精神，常言道，不到长城非好汉，我们也要不撞南墙心不死。当遇到困难和阻力的时候，放弃只会彻底失败，再无任何成功的可能性和机会，唯有不断地奋发向上，勇往直前，才能真正获得成功，让自己成为笑到最后的强者。

沟通艺术：不管求人多少次，也不管是否遭到他人的拒绝，我们都要坚持礼貌的态度，这样才能得到他人的友善对待。所谓买卖不成仁义在，我们必须意识到他人拒绝我们是一种权利，是无可指摘的。退一万步而言，即使我们最终真的没有得到他人的慷慨相助，也不要怨恨他人，因为帮是人情，不帮是公道，这个世界上没有谁必须帮助谁之说。

第五章 适当地说"不",既保护了自己也不伤害他人

现实生活中,我们除了常常需要求助于他人之外,也常常被他人求助。尽管说人情就是用来欠的,我们也很乐于帮助他人,但是现实总是残酷的,我们常常感觉到自己根本没有足够的能力去帮助他人,这种情况下,该如何拒绝他人,才能既遵从自己的意愿,又保护他人的颜面和自尊,从而避免两败俱伤呢?

●●说"不"，不止直截了当一种方式●●

拒绝他人的时候，说"不"的方式往往决定了你是不得罪人，还是被人怨恨。因而拒绝他人绝不是一件简单的事情，甚至比求助于他人更需要用心。唯有如此，才能让拒绝恰到好处。

现实生活中有很多"老好人"，他们总是不假思索地允诺帮助他人，而后又因为各种各样的原因不能真正帮助他人，甚至还因为随意承诺耽误了别人解决问题的最佳时机，这样一来，非但不会得到他人的感谢，反而会好心办坏事，使他人产生抱怨。与其等到结果恶劣才去想办法弥补，不如从一开始就估量自己的力量，理智地拒绝他人。求助者被拒绝后，还可以以最快的速度去求助他人，这样一来也能够竭尽所能解决问题。

怎样说"不"才是合理且适宜的方式呢？很多人习惯直接说不，这样很容易伤害求助者的感情，也会使求助者颜面尽失。其实，中国汉字博大精深，说"不"不仅仅只有直截了当这一种方式。无论求助者因何原因向我们求助，在拒绝的时候，我们都要顾及求助者的尊严。

人是社会的一员，每个人在社会上无论身份地位高低，也不管成就大小，都希望自己的价值能够得到他人的认可。这也是中国人好面子的原因，对于很多特别爱面子的中国人来说，面子比里子更加重要，因为面子能够为自己赢得更高的评价，为此他们为了面子不惜做出牺牲，甚至付出巨大的代价。通常情况下，自尊心强的人更爱面子，因为他们更注重他人的评价和态度。在这种心态的影响下，当受到不公正的待遇时，他们又会感到非常失望，甚至因为各种原因而觉得愤愤不平。既然人心如此复杂，人的感情这么微妙，在拒绝他人时我们更要谨言慎行。

最近，学校里要评职称。然而，职称的名额有限，而符合条件的教师却有很多。为此，很多教师忐忑不安，生怕自己因为各种原因无法当选。尤其是老张，他已经等了很多年，每次都因为各种各样的原因落选，不能如愿以偿。这次，他原本抱着必须当选的决心和信念，但是当看到学校里的情况时，他又忐忑了。

为此，老张找到专门负责职称评定的校长，问："校长，我这次应该能评选上职称吧。"其实，校长一看到老张，就知道老张所为何事。为此，校长决定借此机会做好老张的思想工作，校长问老张："老张，最近身体如何？你可是我们学校的老教师了，是学校的顶梁柱，学校的工作还要倚靠你呢！"听到校长的话，老张不由得微笑起来："校长，我身体不错。这次，我能评选上职称吗？"校长说："其实，职称也没有那么重要。你们作为学校的元老级人物，必须多带动年轻教师，也帮助年轻教师努力提升和学习。老张，希望你能体谅学校的难处，毕竟僧多粥少，有很多资历比你更老的教师也在等着评职称呢。不过，我向你保证，这也就是早晚的问题，绝不会一直这么拖延下去的。希望你能支持我们的工作，继续起到带头作用，成为学校的中流砥柱啊！"

听完校长的话，老张知道自己这次评选职称应该没有太大希望，但是他并不懊恼，毕竟校长非常认可他的工作，这也是对他最大的安慰。老张一如既往地工作，暗暗想道：我要争取下次能够评选上高级职称。

在这个事例中，校长的拒绝方式非常巧妙。他没有直接拒绝老张，而是先认可老张在工作中的表现，也摆明了学校的难处。这样一来，老张就不会对校长的工作感到不满意，再听到校长的拒绝时也就更容易接受。

在拒绝他人的时候，要想让他人接受拒绝，就一定要采取恰当的方式说"不"。如果总是生硬地说"不"，使听到的人根本无法接受，那么就会让拒绝成为伤害他人的利器，也会无形中损害人际关系。

沟通艺术：常言道，会说的人说得人笑，不会说的人说得人跳。尽管拒绝他人，也要讲究方式方法，采取恰到好处的方式，既达到拒绝的目的，也要顾及他人的颜面和自尊，这才是一举两得的最佳方式，也才是最圆满的结果。

●●拖延，让时间给他人答案●●

很多人不知道如何拒绝他人，又做不到不拒绝，因为他们的能力不足以帮助他人。在这种情况下，就可以采取拖延的方式，让时间给出他人答案，这样一来他人自然心知肚明，也就能够再另想其他的办法解决问题。

通常情况下，求助者总是不好意思向他人求助，因为把求助的话在心中想了很久，却不知道如何表达出来。实际上，不仅求助者难以张口向人求助，被求助者如果觉得自身力量不足，或者有其他原因不能对人施以援手和帮助，也往往会感到很为难，因为他们不好意思直接拒绝他人。那么，如何做才能让被拒绝的人不那么难堪和尴尬，也能达到拒绝的目的呢？其实，如果对方求助的事情不是急于要完成的，被求助者可以采取拖延的态度，最终让时间给出求助者答案。

面对求助者的不情之请，被求助者可以说："不好意思，我一时之间没有办法答应你，你可以给我一段时间考虑一下吗？我过一两天给你答复。"这样一来，被求助者就为自己争取到时间，可以更加理性地思考。如果觉得自己实在不能帮助他人，还可以拖延时间，从而让求助者知道自己的态度，这样就避免了尴尬。

自从下岗之后，小桥夫妇利用自家的房子在村子里开了一家小超市，还兼营着一家小饭馆。小桥夫妇非常辛苦、努力，总是起早贪黑地干，很快就把生意经营得风生水起。

小桥的大伯是个不折不扣的赌棍，每次输掉钱财，就会挨家找亲戚借钱，填补赌债的窟窿。为此，小桥几次三番劝说大伯不要再赌钱。有一天早晨，小桥刚开门做生意，大伯就来找小桥借一万元钱，说是家里要添置电视、冰箱等家电。小桥趁着大伯不注意，当即给伯母打电话，伯母说："别听他胡说八道。他就是想借钱去赌钱呢,千万不要借给他。"小桥知道自己该怎么做,但是大伯就坐在她的店里等着她回信,作为晚辈,她既不好意思当众戳穿大伯的谎言,也不能借钱给大伯。因此,她只好对大伯说:"大伯,我银行有一笔贷款就要到期,需要马上偿还。我的钱不够还贷款,我也需要借钱。您也知道,银行贷款可是一分一秒都不能拖延的,等我把银行贷款还完,就借钱给您买家电好吗?"听到小桥这么说,大伯也没了脾气,只得悻悻地走了。

小桥既没有直截了当地拒绝大伯,也没有当即给大伯钱,而是以银行贷款需要偿还为由搪塞大伯,从而让大伯知道,只有把银行贷款还完,才可能借钱给他。这样一来,大伯当然无计可施,也只能遥遥无期地等待。如果大伯足够聪明,也会知道小桥不愿意借钱给他,不等小桥主动张口借钱给他,他也不会再次向小桥提出借钱的请求。小桥既不伤和气,也达到了目的和要求,可谓一举数得。

在拒绝他人的时候,切勿直截了当,因为当面拒绝一旦措辞不够委婉,就很有可能伤害他人脆弱的自尊心。人人都有自尊,也很爱面子,唯有照顾他人的自尊,给予他人足够的理解和关照,才能让拒绝不伤和气,也才能让拒绝达到预期的效果。

沟通艺术:把拒绝交给时间,不但可以留给自己足够的时间去考量各种情况,也有利于委婉拒绝他人,可谓一举数得。需要注意的是,要想让拖延达到预期的效果,最好的办法是含糊其辞,不要把话说得太确定,从而使人误解只要到达一定的时间就能解决问题。否则,当他人耐心地等待时,被求助者就会更加被动。

●●说"不",不需要声色俱厉●●

现实生活中,每个人都需要寻求他人的帮助,也常常会被他人求助。面对他人的求助，为了不引起他人的误解，最好的方式是明确拒绝，然而明确拒绝并非是声色俱厉地拒绝。所谓买卖不成仁义在，哪怕帮不了别人也应该继续做朋友，所以就要讲究拒绝的艺术。

大多数人在求助他人之前，已经过了长时间的思考，因为他们不好意思求助他人，所以要深思熟虑，也会费尽心思想出各种各样的求助方式和措辞，才能得到好的结果。然而，被求助者也会有各种复杂的因素需要综合考虑，这使他们需要拒绝他人。很多人认为拒绝他人的时候不能含糊其辞，因为这会使他人误以为自己是有希望得到帮助的，因而陷入盲目的等待之中，最终既没有得到帮助，还错过了解决问题的最佳时机。为此，他们声色俱厉地拒绝他人，使他人颜面尽失，原本彼此之间的友谊也不复存在。实际上，拒绝并不意味着友谊的终结，只要方式得当，对方就会理解和体谅你的拒绝，也能够继续与你维持友谊。

除了拖延时间去拒绝之外，还可以通过表达宽慰拒绝。日常生活中，常常有些人因为各种原因会提出不情之请，被求助者因为自身条件的限制，感到为难，觉得无法满足求助者的请求。在这种情况下，就要宽慰求助者，从而委婉表达拒绝，表现出自己心有余而力不足，拒绝才更容易被求助者所接受。

大学毕业后，好闺蜜晓雪和小小就分道扬镳了，晓雪回到家乡，成为一名公务员。而小小则背起行囊去了遥远的北京，成为北漂中的一员。一开始，小小在北京生活非常辛苦，住在连手机信号都没有的地下室，工作也不稳定。直到两三年后，小小才渐渐稳定下来，成为一家大公司的员工，收入和福利待遇都很不错。

每年春节回家的时候，小小会和晓雪聚一聚，联络下感情。平日里，她们总是各忙各的，很少联系。有一天，晓雪突然给小小打电话，问小小："小小，有钱吗？我想借钱买房。"小小心想：你在老家还着急买房，我更着急啊，我的钱都在理财里面，根本取不出来。于是，小小对晓雪说："晓雪，我很想帮你，但是不巧的是，我上个月刚刚买了一年期的理财。你也知道，大城市房价贵、物价高，我也想趁年轻多攒钱，又因为钱存在银行里利息少，所以我就在一个同事的建议下买了理财。这样吧，你要是能等，等理财到期，我把钱给你用。"晓雪说："那算了吧，我也是因为着急才向你张口的。"小小很不好意思地说："真是对不住啊，晓雪，要是当时知道你买房，我就不买理财了。理财和存银行定期不同，时间没到取不出来。"晓雪笑着说："没关系，小小，有你这句话，我就心满意足了。我知道你但凡能帮我，肯定会帮的。"就这样，虽然钱没借到，但是晓雪和小小依然是最好的朋友。

在这个事例中，小小之所以能委婉地拒绝晓雪，是因为她给了晓雪一定的宽慰，让晓雪知道小小是很愿意帮助她的，只是身不由己。这样一来，好朋友之间彼此谅解，感情也越发深厚。

以宽慰的方式拒绝他人，是要先对他人的处境表示同情，真心诚意地想要帮助他人，然后再表现出自己的无能为力。这样一来，他人才会更容易接受你的拒绝，感情上也不容易受伤。这就像是批评与表扬的关系，明智的人总是在批评某个人之前先表扬某个人，先认可某个人的做法，从而让批评水到渠成。拒绝也是如此。

沟通艺术： 没有人愿意接受批评，也没有人愿意被拒绝。在拒绝他人之前，我们要先理解他人，帮助他人接受困境，然后再话锋一转，让被拒绝者知道原来一切并非那么不可接受。在这种情况下，被拒绝者会心甘情愿地接受，也会更加理性地面对问题，积极地解决问题。

●●贬低自己，降低对方的奢求●●

当他人对我们提出不情之请，如果感到为难或者自知力量达不到时，不要盲目允诺，因为诺言从来不是说说就结束的，而是要花费大量的时间和精力去兑现。所以当遇到他人提出不情之请时，最重要的是贬低自己，降低对方的奢求，这样对方才不会对我们怀有不切实际的幻想以及向我们提出过高的期望。

在他人向自己提出过高的请求时，最重要的是降低他人对于自己的期望，直截了当的方式就是贬低自己。贬低自己，或者以自嘲的方式自曝短处，不但能够在嬉笑的氛围中拒绝他人，而且能够有效维护他人的颜面，让他人在被拒绝之余，依然能够保全颜面，从而维护友谊。

在贬低自己的过程中，最重要的是强调自己心有余而力不足。否则，当一个人明明有能力接受他人的请求时，却不愿意慷慨帮助他人，一定会遭到他人的抱怨。反之，如果以自嘲的口吻说出自己心有余而力不足，则能够消除拒绝的尴尬，也缓解他人紧张的情绪。很多对于纯熟运用这种方式的人，更是能够以装疯卖傻的方法为自己解围，赢得他人的谅解。虽然这种方法很容易降低别人对自己的评价，但是让人惊讶的是，很多人会有意识地运用这种方式为自己解围。

最近，公司大区总监推荐本大区的元老级人物宋大哥去参加陪审员的面试。宋大哥原本可以当部门经理甚至是大区总监，只是为了照顾孩子，所以放弃了升职的机会。对于总监对他的提携，他也想拒绝，但是又担心被总监误解为是在故意装腔作势，为此，他对总监说："总监，我还真不是那块料。我这个人性格耿直，做人做事一根筋，不是我不愿意为公司效劳，实在是我担心自己的迂腐会给他人带来麻烦。"听到宋大哥这么说，总监说："老宋啊，不要再谦虚啦，要是你想当总监，这个位置还能轮得上我吗？我对这一点可是心知肚明。"宋大哥见到推辞没有用，只好说："你也知道我为何不愿意升职，实在是孩子学习也紧张，我必须兼顾孩子。"考虑到宋大哥的确是以家庭为重，总监只好作罢。

在这个事例中，宋大哥先是提到自己能力不足，接下来又提到自己必须花费更多的时间和精力照顾孩子，才算真正拒绝了总监的请求。这样的拒绝，主要是以贬低自己的方式进行的，因而不会拂了总监的面子，也能达到预期的效果，是一举两得的好方法。宋大哥心知肚明自己很适合也完全有资格当公司的陪审员，但是他既然不想升职，也就不愿意花费更多的时间和精力在工作上，而要照顾好家庭，也为妻子分担沉重的家务和教育孩子的重任。

除了贬低自己之外，如果觉得没法给求助者交代，还可以向求助者推荐更合适的人选。例如，在上述事例中，宋大哥可以推荐和自己资历相仿而且更愿意升职的同事给总监，也算是间接帮助总监解决了问题，更容易得到总监的谅解。需要注意的是，尤其是在职场上，一定要处理好上司的求助，否则就会给人不识抬举的感觉，未来再想获得晋升或者赏识会很难。

沟通艺术：不管以怎样的理由拒绝他人，拒绝的时候一定要有充分的理由，也要态度真诚，而不要觉得别人有求于自己，就对别人颐指气使，摆出一副高高在上的模样。最重要的是端正态度，既要达到拒绝他人的目的，也要以恰当有效的方式维护好人际关系，从而一举两得。

●●有礼貌地拒绝他人●●

越是对于关系亲近的人，拒绝往往会越难。但大多数对我们提出请求的人，都是关系很亲近的人，在这种情况下，如何有礼貌地拒绝他们，成为被求助者急需解决的问题。

现实生活中，一个人即使能力再强，也无法把每一件事情都做得面面俱到，这也就注定了每个人需要在自身能力不足的时候求助他人，也常常会被他人求助。人是群居动物，彼此之间关系亲近，感情深厚，因而面对那些关系亲近之人的请求，人们常常会感到进退两难，既不知道如何拒绝，答应之后又无法做到，这的确让人感到非常为难。实际上，对于因为能力不足等原因导致做不到的事情，最好不要轻易应承下来。答应别人的事情就一定要做到，如果做不到，就会导致事情朝着相反的方向发展，也会使一切变得更加被动。与其等到失信于人的时候再懊悔答应得太轻易，不如从现在开始就努力地提升和完善自己的能力，从而让自己在人际交往中占据主动地位。

通常情况下，人都会想要帮助身边的亲近之人，但是当亲近之人提出不情之请的时候，或者提出过分的要求时，我们必须坚持原则，不要总是无限度地满足他们的欲望或者非分之想。很多人是"老好人"，没有原则和底线，总是纵容和包庇身边的人，这往往是害他们。例如，很多父母对待孩子如果总是采取姑息纵容的态度，不管孩子多么过分，都不对孩子严加管教，则一定会让孩子更加索求无度，无法无天。明智的父母反而会对孩子制定高标准和严格要求，而不会对孩子有求必应。

当然，拒绝身边的亲近之人必须掌握拒绝的艺术和技巧，否则就会伤害对方的感情和颜面，也会使彼此之间的情谊受到影响。如果说拒绝普通人都要照顾对方的自尊，那么在拒绝亲近的人时，更要照顾到对方的情绪和感受，这样才能在不伤害感情的情况下达到预期的拒绝目的。

老李在法院里工作，已经是个经验丰富的老检察长了。这么多年来，家里的人都遵纪守法，从未给老李添过什么麻烦。然而，最近老李亲戚家的孩子却因为一时糊涂触犯了法律，被追究法律责任。眼看着年纪轻轻的孩子即将面对牢狱之灾，亲戚着急了，四处托人找关系救孩子，他第一时间就想到向老李求助。

亲戚特意请老李吃饭，老李原本想拒绝，因为这种关键时刻要避嫌，但是考虑到和亲戚的感情，还是硬着头皮赴宴。果不其然，宴席才开始，亲戚就拿出厚厚的一摞钱放在老李面前，老李故作惊讶地说："这是干嘛，要买我的乌纱帽吗？"这句话亦真亦假，但是亲戚马上意识到老李这是在提醒他，因而亲戚当即说："放心，绝不会让你丢掉乌纱帽的。"后来，面对亲戚提出的不情之请，老李说："不是我不想帮你们，而是我们司法部门工作性质特殊，有很严格的规章制度。得知我与你们的关系之后，领导第一时间让我回避，不允许我对这个案件有任何的态度和意见，还特意从上级部门调来一位经验丰富的法务工作人员处理这个案件，我一句话也说不上。"

亲戚还是不甘心，再三恳求老李。老李说："孩子是一时糊涂，我当然知道孩子从小就是个好孩子。只是王子犯法，与庶民同罪，我作为一个小小的检察长，真的无能为力。我唯一能做的就是给你们推荐一位好的律师，争取为孩子减刑，当然，这也需要孩子有良好的认罪态度并积极配合。"就这样，老李赢得了亲戚的谅解，后来，他也的确为亲戚推荐了一位经验丰富的律师为孩子辩护，从而减轻罪责。

在这个事例中，老李采取先发制人的态度，始终对于亲戚保持同情与理解，与此同时也诉说了自己的困境。在这样的情况下，亲戚自然知道就算老李丢掉乌纱帽，也不能解决问题，最终只得采纳老李的建议，劝说孩子坦白从宽，抗拒从严，积极地解决问题。这样一来，老李非但没有阻碍案件的进展，反而还为推动案件向前发展贡献了一分力量。

在面对亲近的人提出的不情之请时，还可以采取含糊其辞、以子之矛攻子之盾、转移话题等方式，委婉地拒绝对方。需要注意的是，不管拒绝的对象是谁，都要始终保持礼貌，为了安抚对方的情绪，还可以站在对方的角度上考虑问题。唯有如此，才能让拒绝达到良好的效果，也才能维护好与他人之间的情谊。

沟通艺术：礼貌是人与人之间相处的基本前提条件，人们必须彼此了解，相互尊重，有礼有节，才能维持良好的关系。记住，即使拒绝别人，也不要轻易破坏彼此之间的情谊。

●●借他人之口拒绝，让求助者更容易接受●●

很多时候，面对他人的当面请求，我们根本不好意思拒绝，但是内心深处又不愿意接受他人的请求，这该如何是好？面对这样的尴尬情况，如果能够假借他人之口说出拒绝的话，则会让求助者更容易接受。

在人际交往中，每个人对他人的权衡都是截然不同的，例如有的人原本就大大咧咧，觉得帮助他人是没什么大不了的事情，这也就使他们在需要帮助的时候总是不以为然地向他人提出不情之请。在这种情况下，被求助者往往会觉得很尴尬，因为不知道要如何拒绝求助者提出的不情之请：如果接受，担心自己做不到；如果拒绝，又担心会伤害他人的颜面和感情，可谓进退两难。

实际上，面对这样的尴尬情况，如果能够掌握拒绝的技巧，就会让拒绝水到渠成，也不至于因此而伤害他人的感情。例如，假借他人之口拒绝，这样既可以推卸自己拒绝的责任，也让被拒绝者更容易接受，成功维护了与被拒绝者之间的感情。

最近，小松家里的房子刚刚装修完。在装修的过程中，小松和做木工活的小万，以及小万的妻子小叶相处得比较好。小叶每天都在小区里拉活，有的时候，为了让客户信服，小叶就会把潜在客户带到正在定制家具的客户家里，看一看他们正在做的木工活。

有一天，小松周末在家里休息，小叶打电话给小松："小松，我找了个活，是你们二期的。你在家吗？我想把客户带到你家看看柜子。"小松一听就不乐意，暗暗想道：我家都装修好了，你凭什么带客户来看，我家又不是你家的样板间。但是，小松和小叶平日里关系还比较好，为此小松只好告诉小叶："小叶，实在抱歉，我不在家。"小叶马上追问："那你几点到家呢？我可以等你到家的时候再带客户过去。"不得不说，小叶也真是死缠烂打，小松想：看来小叶的情商很低，悟性也不行，那就只能有话直说了。为此，小松对小叶说："小叶，等我回家也不行，你不是知道我爸爸前段时间做了个手术吗，他正在养病，情绪很糟糕，不希望有外人打扰。"这么一说，小叶才知道小松拒绝的意思，不过小松并没有直接拒绝小叶，小叶觉得心里还舒服些。

在这个事例中，小松一开始说自己不在家，其实就是在拒绝小叶。不过小叶为了做生意，死缠烂打的功夫了得，因而依然对小松不依不饶。为了当面拒绝小叶，小松不得不以爸爸生病为借口，说爸爸需要静养，不喜欢家里来人。就这样，小叶知道小松的意思，以后再也不打扰小松了。假如小松直截了当拒绝小叶，小叶一定会觉得很难过，彼此之间的情谊也会受到影响。

每个人都是社会的一员，置身于复杂的社会关系中，彼此之间相互制约，相处帮助，也相互扶持。人际交往多了，人与人的关系会越来越密切，那么如何处理好纷繁复杂的人际关系成为重中之重。当遇到难以开口的拒绝时，不如采取搪塞法，把拒绝的责任推到他人身上，既给求助者留下颜面，也达到了拒绝的目的，可谓是效果显著的拒绝方法。

沟通艺术：借他人之口拒绝，能够达到良好的效果，是在难以拒绝的尴尬情况下的不二之选。这种方式既能达到拒绝的目的，还能维护求助者的颜面，也让被求助者不落埋怨，因而明智的人在遇到无法拒绝的尴尬情况时，往往会采取这种方式拒绝他人，也让拒绝事半功倍。

第六章　自信者，才会有他信

正如人们常说的，千里马常有，而伯乐不常有。尤其是现代社会人才济济，一个人如果不懂得推销自己，而总是被动地等着别人来发现自己的才华，认可和赏识自己，则最终会被埋没。所谓自信者才能撼动整个世界，而如果一个人自己都怀疑自己，否定自身的能力，会让自我发展受到限制，也会使自己在生活和工作中遭遇重重困境。

●●每个人都要把自己推销出去●●

在现代社会中，人人都是推销员。这是因为不管他们的本职工作是什么，他们的首要任务都是把自己推销出去。换而言之，一个人唯有把自己推销出去，才能让自己得到他人的认可和尊重，也才能找到施展才华的舞台，尽情地展示自己的才能。

人人都有表现欲，每个人都想在他人面前证明自己的能力和价值，这样才能让自己的成就更加突出。然而，在传统的思想观念中，总觉得做人应该低调，实际上这是完全不可取的。因为现代社会人才济济，即使是真正的人才，如果只顾着埋头苦干，也根本不会有出色的表现。所以作为人才，一定要更加努力，不但要在学识和技能方面努力提升和完善自己，还要积极主动地推销自己，从而让自己得到展示的机会，也让自己在人生的道路上有更好的发展和更大的进步。

有人说，酒香不怕巷子深，真金不怕火炼。其实，这种观念不能说是错的，但是已经不适应现代社会的发展了。很多人对于表现欲存在一定的误解，觉得爱表现的人必然是肤浅的，殊不知，不爱表现的人尽管看起来沉稳，实际上却在无形中失去了很多的机会。尤其是在人才辈出的现代社会中，不管我们是否有出色的技能，是否有优秀的表现，都应该合理、有效地表现自己，真正地展示自己，为自己的人生赢得一席之地，争取得到更大的舞台。

从某种意义上而言，表现欲应该成为现代人必须具备的心理素质，因为每个人唯有成功地把自己推销出去，才能有所发展。很多人误以为只有推销员才要具备推销能力，实际上这种观点是完全错误的。不仅仅是推销员，作为普通人也要学会推销自己。在职场上，每个人要想找到心仪的工作，在面试的过程中就要推销自己，通过面试展示自身的才华和能力，通过面试当面向面试官展现自身的风采。总而言之，如果没有这样展现的机会，就会与心仪的工作失之交臂，由此可见，那些不会也不懂得展示自己的人，会变得畏缩不前。和不善于自我表现的人相比，有强烈表现欲的人会拥有更多的机会，也能让自己得到更多人的赏识和认可。

最近，有一家公司正在招聘。这家公司规模很大，发展良好，为此应聘者蜂拥而至，想为自己谋求一个职位，从而得到更好的发展。然而，竞争残酷而又激烈，在经过初试、复试之后，原本上百个面试者中只留下11个人，让人不由得感慨大浪淘沙。

当进行到最后一轮总裁面试的时候，面试者们早早就坐在教室里等总裁到来。总裁姗姗来迟，只有一个看门的老头在打扫卫生。为此，很多面试者窃窃私语，有的面试者还放肆地猜测总裁为何来迟了。只有一位男性面试者很平静地坐在那里，似乎正在思考什么。这时，总裁来了。看到下面坐着12个人，总裁不由得感到纳闷："我记得我们的最后一轮面试，是要从仅剩的11位面试者中选取6位加以聘用。那么，到底谁是多余的呢？"那个一直保持安静的男子站起来，不卑不亢地对总裁说："尊敬的总裁先生，除了我之外，其他人都是'正牌货'，而我在初试就被淘汰了。"听到男性面试者的话，总裁更纳闷了："既然如此，你为何要坐在这里呢？"他说："因为我掌握了别人都没有的财富，我觉得错过我一定是贵公司最大的损失。"听到面试者这么说，总裁饶有兴致地问："哦？那么请你简单介绍下自己吧，我倒是很想知道你究竟有何过人之处。"面试者想了片刻，说："我本科毕业，这不足为奇。但是我参加工作11年，在18家公司任职过，我觉得这是我最大的优势所在……"

面试者话音未落，在场的人都哈哈大笑起来："11年在18家公司任职过，这是该有多么倒霉啊！"就连那个打扫卫生的老头，都不禁笑起来，其他的面试者更是直接喊道："兄弟，你这可是够倒霉的。"面试者不以为然地说道："不，我觉得自己很幸运。我之所以在18家公司任职，是因为这18家公司都相继倒闭，我是与公司同呼吸共命运，直到公司彻底倒闭才离开的。大多数人都渴望得到成功的经验，我偏偏觉得如何避免失败才是最重要的。"

这个时候，打扫卫生的老头走过去给总裁倒水，还特意扭头看了面试者一眼。总裁显然对于面试者的这番"谬论"不是很感兴趣，因而没有挽留面试者。面试者在说完这番话之后正准备离开，突然站在打扫卫生的老头面前，深深地鞠了一躬说道："很抱歉，总裁先生，我还没有打动您，您一定会为错过我而后悔的。"面试者此话一出，全场哗然，不想打扫卫生的老头突然哈哈大笑起来，说："我决定聘用你，但是你必须马上告诉我你是如何看出破绽的？"

在这个事例中，男性面试者在初试中就被淘汰，但是他并没有放弃，他相信自己有18家公司失败的经验和教训，是最富有的人。为此，他直接冲入复试环节，想要用最后的努力赢得总裁先生的赏识。即使即将失败离场，他也不卑不亢，绝不沮丧，而是推销自己，让自己成为全场关注的焦点。最终，面试者的出色表现打动了真正的总裁，他居然被总裁破格录取，成为了第一个被录取的面试者。

不得不说，推销是一种独特的技能，也是人生的一门艺术。每个人要最大限度地推销自己，把自己的优点和长处展示给他人看，为自己争取到机会做出更加独特的表现。一个人不但要有能力有魄力，更要具备展示自己的技能。现实生活中，很多人像茶壶里煮饺子一样倒不出来，不知道自己在面对人生困境时，只有勇敢闯荡，才能打破魔咒。

沟通艺术：现代社会竞争激烈，如果一个人只会被动地等待被人发掘，那么他们很难有出色的表现。细心的朋友们会发现，真正的成功者都是善于推销自己的人，所以他们才能在人生的道路上砥砺前行。既然哭着也是一天，笑着也是一天，我们为何不笑着度过人生的每一天呢？同样的道理，既然被动也要承受，主动也要承受，我们为何不能主动承受呢？至少主动的人会抓住更多的机会，也能让自己的人生更加充实且精彩。

●●自信的人，才能坦然自夸●●

对于那些非常自信的人，人们总是以"王婆卖瓜，自卖自夸"来形容他们。殊不知，如今的社会酒香也怕巷子深，自信的人必须自夸才能让自己出彩，否则一味地谦虚、低调只会让自己被埋没，变得默默无闻。

一直以来，"自吹自擂"是贬义词，形容人过分夸大自己的实力，盲目的自信。现在看来，只要这种自我吹嘘不过度，对于人的成长和发展反而是有好处的。和盲目谦虚、掩藏自己的实力的人相比，只有理性地展示自己的实力，才能让自己得到更多为人所认识的机会。否则长在深山无人识，又有什么意义呢？

现代社会，经济发展迅速，整个社会处于日新月异的改变之中，因而每个人也要与时俱进，才能让自己的人生有更好的发展。另外，虽然社会的发展给人们带来了更多的机会，但是因为竞争者越来越多，所以人与人的发展之间并不均衡。为了不让自己埋没在人群中，为了让自己能够成为众人瞩目的焦点，我们就要勇敢地站出来，让自己璀璨夺目，以光芒赢得他人关注，证明自身实力。真正自信的人拥有强大的能量磁场，他们总是能够吸引正能量的人围绕在自己身边。由此可见，不管是从人际相处的角度而言，还是从人生发展的角度而言，我们都要努力展示自己，也要以实力为自己代言，证明自己的真才实学和真正能力。

很久以前，有一匹身材矮小的千里马混迹于马厩里，它看起来不但平淡无奇，没有任何过人之处，而且马瘦毛长，黯淡无光。千里马始终自视甚高，即使主人不懂得欣赏它，它也一副无所谓的样子，从来不会抓住机会表现自己。它听说伯乐火眼金睛，最懂得欣赏千里马。于是，它一直等伯乐到来，希望伯乐可以改变自己的命运。

功夫不负苦心人，在千里马的日夜盼望下，有一天，伯乐终于来到马厩，他果真火眼金睛，一下子就发现了千里马。伯乐拍了拍千里马，对千里马说："小家伙，跑起来给我看看吧！"听到伯乐的话后，千里马伤心极了，暗暗想道："作为伯乐，你应该一眼就看出我的与众不同，为何还要我跑一跑给你看呢？"千里马原本激动的心情马上如同被泼了一盆冷水一样。千里马傲慢地看着伯乐，不愿意动。伯乐很忙碌，还要去考验其他马，根本没有时间等着慵懒懈怠的千里马想明白主动展示自己，就匆匆忙忙地离开了。

千里马又恢复了以前的日子，成为马厩里最默默无闻的一匹马。光阴流转，转眼之间，千里马就老去了。主人觉得千里马百无一用，因而杀掉了千里马。直到死亡到来的那一刻，千里马还在愤愤不平：为何伯乐不能赏识我呢？为何我作为一匹千里马，命运和际遇还不如普通的马呢？

千里马一生郁郁不得志，年轻的时候是因为没有遇到伯乐，后来遇到伯乐，它又因为过度骄傲而不愿意展示自己。实际上，假如千里马能在伯乐面前展示自己，那么它的命运就能得以扭转，它的一生也会变得更加精彩和充实。现实生活中，有很多人也和千里马一样，非常骄傲，不屑于展示自己，而又因为过度自信，觉得所有人都应该一眼看出自己的与众不同，因而更加认可和赏识自己。其实，这样的想法完全是错误的。如果一个人总是不愿意自我展示，甚至连自夸都做不到，那么谁又有必要成为他们肚子里的蛔虫，对他们深入了解呢？

以前，人们常说酒香不怕巷子深，其实这句话在现在讲并不完全适宜。现代社会人才济济，一个人要想尽情展示自己，就必须想方设法推销自己。与其满怀憧憬地被动等待，不如采取主动的态度，积极地展示自己，这样才能让自己得到更多人的认可和赏识，也为自己争取到更多的机会。人生一定要采取积极的态度。就像职场中，如果说几十年前，职场人都要如同老黄牛一样任劳任怨地去干，才能在大锅饭时代得到荣誉，那么在当下的时代，对于职场人而言，埋头苦干、兢兢业业固然重要，但积极主动地推销自己，让自己得到更多人的赏识，也得到更多的机会尽情展示，则更加重要。

沟通艺术：记住，只有自信的人才能善于自夸，也只有自信的人，才会在人前勇敢展现自己。他们既无惧暴露自己的缺点，也无惧表现自己的优点。他们扬起自信的风帆在人生的道路上勇往直前，无所畏惧，也以自信为翅膀，让自己勇敢自夸，既不张狂，也不怯懦。

●●给自己贴金，增加自身筹码●●

很多人有一种错误的观点：要想求人办事，或者与他人交好，必须放低自己的姿态，才能赢得他人的好感。殊不知，这种观点完全是错误的，因为一个低声下气的人，无论如何也无法赢得他人的认可和尊重，更不可能与他人建立平等、友善的关系。

在人际交往中，彼此尊重、真诚相待，是友好相处的前提条件和基础。一个人如果在与人相处的过程中不能尊重自己，也就不能做到真正尊重他人。记住，别人的帮助不是对你的施舍，所以一味地装可怜，或者以各种原因和借口来为自己开脱，不是好的选择。越是在需要与人合作的时候，我们越是要学会给自己的脸上贴金，当人们厌倦了以形形色色的理由求得同情的人，就希望看到那些坚定、勇敢的人，他们从容地展示自己，抬高自己的身价，反而会让人耳目一新。

人际关系向来是很难的，很多人心眼实在，在人际关系中的表现中规中矩，这样一来他们就能被人一眼看到底。如果遇到的都是实在人，交往当然会很顺利，但是如果遇到虚虚实实的人，就会因为过于坦诚而遭到他人的算计。所以人在复杂的生存环境下，既要真诚对待他人，也要学会给自己的脸上贴金，增加自身的筹码，从而让自己有更好的表现，也收获更多。所谓临阵磨枪不快也光，当人们以各种方式给他人留下实力雄厚的假象，说不定就能成功地从他人那里借力，也让自己有更好的发展和表现。

晓丹经营了一家淘宝店铺，后来还创办了自主加工厂。因为晓丹的工厂主要生产妇婴用品，诸如口水巾、三角巾等，所以成本很低。原本晓丹创办工厂是为了给自己的淘宝店铺供货，但是后来晓丹发现工厂的利润也很可观，为此她把淘宝店铺交给专人打理，又开了一家天猫店铺。除此之外，晓丹还在网络上联系其他的代理人、店铺等，也说服他们销售。

有一次，晓丹联系上一家知名的母婴用品店，想要说服对方销售她工厂所生产的口水巾、三角巾等。对于晓丹的提议，对方直接质问："你有什么优势，要让我从你们这里进货呢？毕竟我们现在合作的供货商品种齐全，也有婴幼儿的服饰等，而不像你们这样只生产口水巾、三角巾等。"晓丹面对对方的质疑，不慌不忙地说："我们的优势很大。我们目前的确只生产口水巾、三角巾等，未来我们还会生产婴幼儿的内衣、保暖套装等。此外，我们可以做到最大让利，据我所知，目前市场上的口水巾、三角巾等批发价在两元左右，我们可以做到一元五角供货。单从一条口水巾上来看，这样的价格只便宜了五角，但是从大量批发来看，利润还是非常可观的。最后，我们的口水巾质量非常好，最近最大的母婴用品品牌就与我们签订了代工协议，也就是说我们的产品质量和那个大品牌是相同的。可想而知，销售市场非常大，而且前景可观。"在晓丹井井有条的陈述下，这家母婴用品店最终也决定和晓丹合作口水巾，而且还等着晓丹扩大生产和经营规模呢！

在这个事例中，晓丹是初出茅庐的年轻人，正处于创业的关键时期，从内心深处而言很想得到合作机会。但是晓丹不卑不亢，并没有表现出低三下四的样子，而是以中肯的态度阐明了自家产品的优势，从而给对方吃了一颗定心丸。

总之，不管是与人沟通，还是有目的地求人办事，我们一定要有自信，这样才能最大限度地发挥自信的力量，赢得他人的信任。尤其是在面对陌生人的时候，第一印象往往起到重要的作用。假如在这种情况下自身实力太弱，也可以借助各种手段增加自己的筹码，从而让合作顺利进行。

沟通艺术：需要注意的是，给自己脸上贴金的行为一定要有限度，所谓凡事皆有度，过犹不及，如果过度给自己贴金，则会给他人带来恶劣的印象，也会使人际关系变得越来越恶劣，而且使我们彻底失去他人的信任。过度拔高自己会玩火自焚，也会事与愿违。

●●当下，人人都需要炒作●●

细心的朋友会发现，很多大明星每隔一段时间就会自曝话题，或者因为与某些社会热点事件扯上关系，使自己成为焦点。实际上，这就是明星自我炒作的方式，尤其是在有新剧即将放映的时候，很多演员更是无所不用其极，只要能提升自己的热度即可。从某种意义上而言，社会已经进入了"炒作"时代，有些人甚至通过炒作彻底改变命运。

现实生活中，有些人好赌，也会试图以赌博改变自己的命运。实际上，赌博并不能让人改变命运，因为赌博有太多的未知性。而大多数人好赌，是渴望发生奇迹，希望自己能够以小搏大，彻底扭转命运。从人性的角度而言，人人都希望能够不劳而获，希望自己可以出人头地，得到更多人的认可和关注。古人云，君子爱财，取之有道。正是因为有道和无道的区别，所以有人会陷入赌博的困境，有人则能够以勤奋的方式切实扼住命运的咽喉，改变命运的走向。

尤其是在现代社会，炒作几乎已经成为一种生存的智慧和技巧，只不过炒作的范围有大有小，有的人会在小范围内炒作，有的人则喜欢不择手段地让自己变成公众人物。所以炒作的效果也是截然不同的，有的人因为炒作而炙手可热，如今网络的发达，让个人炒作的效果更加明显。与此同时，有的人也因为炒作而身陷困境，他们非但没有获得如愿以偿的成功，还让自己因为炒作而变得被动和窘迫。我们既不能因噎废食，对炒作心怀忌惮，也不能肆意炒作。在信息时代，很多事情的发酵速度远远超出我们的想象，也许不经意间在网络上的一番言论，就会带来不可挽回的影响，这是每一个热衷于炒作的人都要注意的。

战国时期，孟尝君被听信谗言的齐王免去职务，因而门客纷纷请辞，只有冯谖继续留在孟尝君的门下，不离不弃。冯谖对孟尝君说："假如您信得过我，我愿意去魏国，想方设法让您继续得到齐王的倚重。"孟尝君身陷困境，也没有更好的出路，当即准备了厚礼，让冯谖带着去拜访魏国的梁惠王。

冯谖来到魏国之后，带着礼物去拜访梁惠王，并且对梁惠王说："天下的有才之士四处奔忙，来到魏国的人都想削弱齐国的力量，去往齐国的人都想削弱魏国的力量，因为齐国和魏国势不两立，都想坐拥天下。"梁惠王觉得冯谖的话很有道理，因而问冯谖："依先生之见，魏国如何才能战胜齐国，成为天下第一呢？"冯谖问梁惠王："大王知道齐王弃用孟尝君的事情吗？"梁惠王点点头，冯谖继续说："齐国之所以国泰民安，国力强盛，都是孟尝君的功劳。如今孟尝君为齐国立下很大的功劳，却被齐王弃用，一定非常生气。假如大王能够借此机会重用孟尝君，也就相当于打下了齐国一半的江山。"

梁惠王觉得冯谖的分析很有道理，当即派出高头大马拉着的马车，载满了金银珠宝去齐国聘请孟尝君，希望孟尝君能为魏国效力。冯谖抢在梁惠王的车马前赶回齐国，对齐王说："来到齐国的人都是想要削弱魏国，而去往魏国的人都想要削弱齐国。我听说梁惠王派出车马，载满金银珠宝来聘请孟尝君，可想而知，孟尝君一旦去了魏国，不但增强了魏国的实力，还削弱了齐国的力量，所以大王的社稷堪忧啊！我建议大王赶紧对孟尝君封官加爵，这样才能留住孟尝君，也才能让孟尝君继续为齐国尽忠效力。"果然，齐王也感受到压力，当机立断给孟尝君封官加爵，还特别赏赐孟尝君一千户的封邑。孟尝君再次风光无限，很快又招揽了诸多门客。不过，在这些门客里，孟尝君依然最赏识冯谖。

在这个事例中，冯谖之所以能成功地让孟尝君再次为齐王重用，就是因为他很善于炒作。他先是去魏国在梁惠王的面前炒作孟尝君，而且告诉梁惠王魏国要想战胜齐国，就必须要有孟尝君这个人才。接着，冯谖又回到齐国，在齐王面前说梁惠王已经派出车马，载满金银珠宝，重金聘请孟尝君。在此情况下，齐王听到风声，也知道梁惠王的确已经开始展开行动，因此感到很有压力，当即采纳冯谖的建议，为了留住孟尝君，不但给孟尝君封官加爵，而且还提升了孟尝君的待遇。不得不说，冯谖的炒作策略是非常成功的，也顺利地让孟尝君得到了优越的对待。

现代社会，炒作已经成为以小搏大的代名词，会炒作的人哪怕付出得少，也可以得到更好的待遇，而不会炒作的人哪怕付出很多，也会因为不懂得四两拨千斤的道理，而生存得非常艰难。最重要的在于，要通过炒作提升自我的价值，从而达到事半功倍的效果。

沟通艺术：现代社会中，炒作不应该是贬义词，而应该成为中性词。只有善于炒作的人，才能最大限度地提升自己的知名度，也让自己成为万众瞩目的焦点。

●●适当提升自身的曝光度●●

现实生活中，很多人因为性格原因，非常沉默、内向，也不愿意引起太多人的关注。实际上，适当提升自身的曝光度也是有必要的，至少可以让我们走入他人的视野，也得到更多的发展机会和成功的可能性。

在大多数人的印象中，只有成功人士才需要"高曝光率"，例如，那些光鲜亮丽的大明星，生怕粉丝会忘记自己，因而隔三岔五地就要爆料出一些花边新闻，或者没有新闻就制造新闻，这都是他们怕被粉丝遗忘的表现。那么作为普通人，有没有必要提升自身的曝光度呢？当然也需要。看到这里，也许有朋友会说："为何要曝光呢？踏踏实实过自己安安稳稳的小日子不就好了，为何要把自己置身于他人的关注之下呢？"现代社会，很多人承受着巨大的生存压力，在面对人生的各种困境时往往觉得走投无路。在这种情况下，如果适度提升自身的曝光度，让自己为更多的人知道，进入关键人物的视野，也许会达到更好的效果，也会给予人生更多的机会和可能性。

然而，未必每个人都能做到在重要场合中曝光自己，这是因为重要场合中既有认识我们的人，也有对我们非常陌生的人，一旦把自己在重要场合曝光，也就意味着要进入所有人的眼帘，接受所有人的评判。这样一来，当然会承受巨大的压力。要想做到这一点，必须拥有足够的勇气，也要具备充足的自信，才能迎着众人宽容友善或者挑剔苛责的目光勇敢前行。

小连是个一心想要出人头地的男孩，他最大的梦想就是在公司里混个一官半职，成为小领导，让他人刮目相看。但是，小连才进入公司不久，对于工作也没有特别突出的表现。为此，他想方设法在寻找合适的机会曝光自己。

元旦前的一个月，各门店都在准备节目参加公司的年会，小连灵机一动："我为何不借此机会表演节目，让大家都记住我呢?"为此，在别人都搪塞不想表演节目的时候，小连却主动申请表演节目，而且是要表演非常搞怪、搞笑的节目。小连很神秘，此前从未透露过自己要表演什么节目，而且每当有人问起他的时候，还会刻意隐瞒。直到年会当天，他搞笑上场，把整个公司的人都逗得前仰后合，由此也给老板留下了深刻的印象。后来，小连因为工作上表现不错，又因为老板对他印象深刻，所以成功地晋升，变成了公司里的小管理者。

在这个事例中，小连在工作方面原本不是佼佼者，之所以能够获得晋升，就是因为他很善于提升自我，抓住年会的机会给老板留下了深刻的印象，从而在老板的心目中榜上有名。

人在职场，除了抓住各种机会提升自己的曝光率，让自己给上司和老板留下深刻印象之外，还可以通过出类拔萃的表现，让自己给同事们也留下好印象。在日常生活中，为了提升曝光率，还可以多参加集体活动，例如，参加聚会，或者参加朋友的婚礼，最不济还可以参加相亲大会。因为现代社会很多大龄剩男、剩女，所以相亲大会举办得非常频繁。当然，除了打客场之外，还可以打主场，这样一来就可以当聚会的主人，发挥主人翁的意识和精神，把聚会组织得丰富多彩。总而言之，只要有心，就可以让自己在各种场合曝光，也可以让自己走入更多人的视野，被更多人记住。

沟通艺术：重要的场合因人而异，同样的场合，有的人觉得很重要，有的人就感觉很平常。此外，参加重要聚会的目的不仅仅是曝光自己，唯有给重要场合的人留下深刻的印象，曝光才算达到真正的目的。所以在曝光自己的同时，还应该以恰到好处的方式展现自己，例如，进行自我介绍和表演节目。切勿哗众取宠，更不要对他人吹毛求疵以抬高自己，否则就会事与愿违。

●●日日常新，人无我有，让自己成为全能手●●

现实生活中，优秀的人很多，然而能够成功吸引他人注意力的人却很少，这是因为吸引他人的注意力以及给他人留下深刻的印象，并非是容易的事情。尤其是在人才济济的今天，正如人们所说的"没有金刚钻，别揽瓷器活"，更是意味着人们只有倾尽全力表现自己，才能在某些方面有杰出的表现，也才能真正成功地走入他人的视野，得到他人的认可和赏识。

走在人群川流不息的大街上，很多人非常普通，是在人堆里根本找不到的那种类型。然而，假如突然走出一个穿着另类、打扮不入时或者与众不同的人，人们就会不约而同地把所有的目光都集中到这个人身上，甚至会揣测这个人的来路，会想方设法得知这个人的身份地位等私人信息。几十年前，大多数人希望自己成为这样扔到人堆里都丝毫看不出异常的默默无闻者，但在现代社会中，人心变得越来越张扬，更多的人希望自己能够成功地吸引他人，成为人群瞩目的焦点，或者成为人人都关注的对象。如何让自己出类拔萃，成为很多人绞尽脑汁想要弄明白的问题。

细心的朋友们会发现，在商场里，原本人们以为薄利多销能够赚取更多的利润，后来却发现，原来薄利多销并不能让人们如愿以偿地获利。真正具有高利润的反而是那些不断推陈出新的产品，如苹果手机，一代一代地出来，总是供不应求，让人们趋之若鹜。在商业领域，也有不同的定价策略，例如，撇脂定价策略，就是在新产品刚刚上市的时候制定高价，从而尽量赚取高额利润。等到产品变得陈旧，再采取降价策略，走薄利多销的路线。这样一来，一个产品从始至终都在创造利润，利润自然会很可观。那么作为一个人，要想在诸多人才中脱颖而出，最重要的是什么呢？首先，要拥有与众不同的地方，从而让自己与他人之间产生差别；其次，还要不断努力提升自己，从而让自己的综合能力得以发展，让自己成为真正的多面手和全能手。这样一来，才能在激烈的竞争中兵来将挡，水来土掩，绝不畏惧他人的挑战。看到这里，也许有些朋友会感到困惑：如何才能做到日日常新呢？其实，变化并非我们所想象的那么困难，最重要的是要有决心，有毅力，打破常规，从而才能在不断的改变中推陈出新，也才能在激烈的竞争中真正做到脱颖而出。就像很多有生活情趣的人，他们未必大富大贵，也未必有闲情逸致，而只是有那份诗意和心境，哪怕只是在下班的路上买一束不再娇艳的花朵，也能丰富生活的色彩，也能改变面对生活的心情，这才是最重要的。

在1830年以前，世界上还没有人敢吃西红柿，尤其是看到西红柿红艳艳、滑溜溜的外表，人们几乎认定西红柿是有毒的，为此没有人敢于尝试吃它。直到1830年，美国的罗伯特在众人的见证下试吃了西红柿，事实证明他并没有被毒死。从此之后，越来越多的人开始吃西红柿，西红柿也最终成为一种非常美味的蔬菜，更成为人们餐桌上的常客。

如果没有罗伯特第一个吃西红柿，也许人们会在某个勇士尝试吃西红柿之后，才会吃西红柿。就像最初人们对于螃蟹也感到很恐惧一样，是因为有人带头吃了螃蟹，才有越来越多的人敢吃螃蟹。所以在现实生活中，我们不能总是墨守成规，在做任何事情的时候更不要总是随大流。因为当所有的大街小巷都开始流行一件事情时，往往意味着这件事情已经没有任何新意。唯有另辟蹊径，在他人成功的经验上崛起，从自身失败的经验中奋发向上，我们才能真正超越自我，以创新的思维和行为在与他人的角逐中获胜。

需要注意的是，越是在竞争激烈的今天，我们越是要做到人无我有，人有我新，要做到日日常新，才能在人才济济的市场竞争中脱颖而出。巴尔扎克曾经说过，只有第一个用鲜花来比喻女人的人，才是真正的人才。所以我们既要尊重传统，也要勇敢地打破传统，从而让自己的人生充满更多的可能性。

沟通艺术：在与人沟通的过程中，要想脱颖而出，就要最大限度地激发自身的能力，让自己具有不同于他人的特点，从而成功地与他人区别开来。古今中外，成功者之所以能获得成功，就是因为他们能够想到别人从未想到的，正所谓思想有多远，人生就能走多远，他们以身实践，做到了这一点。

第七章 学会打圆场，
摆脱坚冰时刻

生活中，总有些尴尬时刻，遇到尴尬的时候，常常有人不知所措，也因此让自己陷入更大的困境中。其实，如果能够学会打圆场，就能顺利消融人际交往中的坚冰，从而让人与人之间充满温情与美好，也能够真正地实现顺畅沟通，感情默契。

●●不要揪着他人的错处不放●●

常言道，金无足赤，人无完人。在这个世界上，绝没有十全十美的人存在，也没有人能够把一件事情做得无可挑剔。所以我们既要宽容地对待自己，也不要总是揪着他人的错处不放，而是要以恕己之心恕人，这样才能以极大的宽容处理好人际关系，也让自己与他人之间的相处模式和谐、融洽。

现实生活中，每个人都很爱面子，尤其是自尊心强的人，更是在乎他人对于自己的看法和评价。通常情况下，这一类人在犯错误的情况下，很难主动承认错误，因为他们抹不开面子。那么作为旁观者，或者是当事人的另一方，我们即使发现了对方的错误，也不要肆无忌惮、毫不留情地指责对方，否则就会让他们产生抵触心理，也因此而感到愤愤不平，甚至与我们发生争执。这样一来，现场的情况就会非常尴尬，也会导致人际关系瞬间从热情陷入寒冰之中，无法消融。一个人要善于表达，更要懂得人际相处之道，例如，知道在必要的时刻必须给他人一个台阶下，或者委婉地为他人指出错误，让他人能够维护尊严和面子。唯有满足自尊心强的人的心理需求，人际交往才能顺利进行下去，也才能最大限度地处理好人际关系，融洽人与人之间的感情。

每个人的脾气秉性都是不同的，有的人说话喜欢绕弯子，而有的人则喜欢直来直去。不管是哪种性格的人，要想在人际交往中有更好的表现，必须要顾及他人的颜面，尤其是在说话的时候，千万要注意保护对方的尊严。常言道，打人不打脸，骂人不揭短，这就告诉我们人的尊严是不可触犯的，一个人只有尊重他人，才能得到他人的尊重，也只有给予对方足够的友善和关爱，才能得到他人的倾心相待。

正值父亲节，林丹去商场里为丈夫买了一身高档西装，为了给丈夫惊喜，林丹特意没有告诉丈夫这件事情。后来，丈夫回到家里试穿西装，觉得有些肥大，但是当晚丈夫正好要去参加一场晚宴，所以就决定不剪掉吊牌，穿一次之后再退给商场。然而，计划总是赶不上变化，宴会过程中，丈夫不小心把红酒洒到西装上，导致西装被弄脏。为了能够顺利退货，林丹把西装拿到干洗店干洗，还小心地把吊牌复原。

从干洗店取回衣服，林丹第一时间就带着衣服去商场退货。售货员看到西装已经被干洗过，又听到林丹信誓旦旦说衣服绝对没有弄脏，更没有下水。销售员没有戳穿林丹，而是对林丹说："女士，我相信您说的每一句话。不过，我想请您确认下，这套西装是否被您的家庭成员在不知情的情况下，拿到干洗店干洗过呢？您可以比较下，这件西装和我们商场里挂着的西装是完全不同的，有很明显的洗过的痕迹。"林丹看到自己的谎言被销售员戳穿，又看到销售员并没有指责她撒谎，只好当即顺坡下驴，拿着西装灰溜溜地离开了。

在这个事例中，如果销售员强硬地指出西装肯定被干洗过，显而易见，林丹一定会因为面子受到伤害而觉得很尴尬。销售员非常聪明，她明知道林丹在撒谎，也没有当面戳穿林丹，而是给了林丹一个台阶，猜测是否是家人把衣服拿出去干洗，而林丹不知道。这样一来，既维护了林丹的颜面，也让林丹更愿意配合销售员，从而终止要求退货的行为。

很多时候，如果我们把别有用心的人逼上绝境，他们反而会因为无路可走而采取极端的行为。最重要的是，任何时候都要给他人留下退路，也给自己留下回旋的余地，这样事情才不至于发展到不可挽回的地步。记住，人无完人，每个人都有可能犯错误，当在人际交往中陷入僵局，如果是我们自己的错误，要积极地承认，或者还可以以幽默自嘲的方式为自己解围。如果是他人的错误，则要给他人留面子、留台阶，这样他人才能顺阶而下，也不至于因此而让自己陷入困境和尴尬之中。

沟通艺术：一定要注意的是，在为一个人找台阶的时候，不要把错误推到他人身上，更不要以伤害他人利益的方式为自己开脱。否则，非但不能圆满地解决问题，反而会事与愿违，使每个人都陷入无法消融的困局之中，使一切都变得尴尬而又冷漠。有的时候，需要一定牺牲的精神，哪怕把错误包揽到自己身上，只要能够解决问题，融洽气氛，就是值得的。

●●主动认错，没什么丢人的●●

很多爱面子的人明知道自己犯错，也不愿意低头认错，误以为这样就能维护自己的尊严。殊不知，这样的知错而不认错、更不会主动悔改的行为，只会使事情更加难堪。相比起拒不认错的人，主动认错反而能够更加彰显出勇敢无畏的精神和气魄。

常言道，牙齿还会碰到舌头呢，所以原本彼此陌生的人在交往的过程中，难免会发生各种各样的矛盾和形形色色的纷争，如果总是与对方锱铢必较，或者总是抓着对方的错误不愿意撒手，只会导致矛盾升级，问题更加严重。所谓冤冤相报何时了，其实不停地推脱责任，同样会导致纷争永不停止。让人感到惊讶的是，很多情况下，引起人们争执不休的并非是多么严重的原则性问题，而只是那些鸡毛蒜皮的小事。在这种情况下，如何消除尴尬呢？

要想消除尴尬，就要知道人们为何为了不值一提的小事情而纷争不断。通常情况下，当人们为了小事而纷争不断，往往意味着他们都是爱面子的人，都属于不蒸馒头争口气的类型，所以才忽略了问题的本质，反而为了一口气而与人发生争执。而且，他们通常计较个人的面子得失，而忽略了对大局的把控，导致在大局面前斤斤计较。如果争执的双方之中，有一方是顾全大局的人，能够以场面话主动承认错误，给他人台阶下，那么不但能够让人际关系冰雪消融，还能成功地赢得他人的好感，获得他人的尊重。很多人误以为主动低头意味着心虚，意味着自知理亏，事实并非如此。主动低头，尤其是能够以场面话道歉、给人以台阶下的人，往往很懂得尊重他人，也更容易赢得他人的好感。

　　从心理学的角度而言，当一个人接受他人真诚的歉意，哪怕他们心中无法真正做到原谅对方，也会在表面上表示原谅对方。因为当一个人承认错误且主动道歉，往往意味着他认为对方是正确的，也算是对对方做出了让步。从某种意义上而言，一个人在认错道歉之后非但没有任何损失，反而因为对他人友善的对待，而得到他更加友好的对待。这是一种以退为进的人际交往原则，也是一种卓有成效的对他人示好的方式。

　　作为同一家公司的设计员，小王和小马不仅是同事，还是曾经的大学同学，因而他们之间走得很近，也经常在工作上合作。随着合作的深入，他们的工作经验更加丰富，但彼此之间反而产生了隔阂。原来，小王是很善于创新的，希望提供给客户最新的创意，但小马却相对保守，始终以完成任务为重任。

　　最近，小王和小马成立一个工作小组，负责给客户设计方案。小王认为，方案必须创新，才能给予客户最优质的服务体验，小马则认为最好不要节外生枝，只需要把此前最经典的设计方案略微改动即可。最终，小王和小马争论不休，无奈，他们只好找到客户定夺。客户毫不迟疑表态：不需要最经典的设计方案，只需要最有创新性、最吸引人的设计方案。小马当即气得不再说话，小王看到小马的样子，主动把责任归结于自己，诚恳地对小马说："嘿，老同学，你还真生气啦！还记得咱们在学校里为了一道题目争得面红耳赤的时候吗？我当然知道你希望把工作做到最好，我也是这么想的。其实你的提议很有道理，我的确是性格急躁，把话说得太急了，原谅我吧，不要生气，我们一起把方案做到最好，好吗？"小马看到小王这么低姿态，不由得笑了起来，就这样他们言归于好，开始齐心协力为客户做好策划方案。

　　在这个事例中，在客户的定夺之下，其实小马已经意识到自己的错误。但是小马碍于面子，不愿意主动承认错误，这个时候得到客户认可的小王主动承认错误，求得小马原谅，而且也对小马表示认可，从而给了小马一个台阶。小马很聪明，当然知道自己只能借此机会下台阶，否则就会使自己陷入被动的状态。就这样，小马借坡下驴，与小王言归于好，彼此全心投入，继续做好工作。

现实生活中，人们常常会遇到意见不统一且发生争执的情况，在这种情况下，一味地坚持自己的想法，并不是最佳选择，就算最终获胜，也会给人留下小肚鸡肠的印象。真正的明智者，会主动承认错误，进行中肯的自我批评，不但能够彰显自己的宽容大度，而且也能够与他人交好。这样一来，在人际关系方面会有巨大的进步。

沟通艺术：需要注意的是，所谓场面上的认错和自我批评，并非是真的放弃自己的原则，对他人盲从。而是因为场合上的需要，总要有一个人做出让步，结束僵持的场面，所以才不得不退让，从而让人际关系冰雪消融，顺利向前发展。

●●失言后说好场面话，是一种能力●●

所谓言多必失，祸从口出，这就告诉我们一旦说话太多，就会出现很多失误。从人际交往的角度而言，把话说好是一种能力，尤其是能够在人多的场合把话说好，就更难得了。只有说好场面话，才能处理好人际关系，也才能让人与人之间的难题迎刃而解。

常言道，常在河边走，哪有不湿鞋。对于人际交往而言，每个人每天都要说很多话，有的时候话说得太溜，不假思索，就会失言。实际上，失言对于每个人而言都是正常失误，除非一个人不说话，否则总有说错的时候，最重要的是不小心说错话之后，要如何做才能挽回损失，避免尴尬。一旦出现失言的情况，说好场面话就显得弥足重要，这是因为说好场面话可以帮助人们维持颜面，也让人有更多的时间去周旋。

心理学中有一个首因效应。意思是说，一个人如果不能给他人留下好印象，在接下来与他人相处的时候就会非常困难。很多人觉得只要注重表面形象，就能给人留下好印象。其实不然，要想给他人留下好印象，还应该注重表达。尤其是在人多的场合，如果因为各种原因而出现表达失误时，一定不要慌张，要保持镇定，这样才能从容机智地想出好办法，从而消除尴尬。

最近，露西因为失恋心情很糟糕，整日精神恍惚，工作上也错误百出。有一天，在前台工作的露西接待了一个陌生客户，这个客户并不能清晰地表达自己的需求，露西忍不住催促客户："有话快说，好吗？"客户明显感觉到露西语气中的厌烦，因而对露西说："你这是什么态度？你们公司就让你这样的人来负责前台的工作吗？"看到客户生气，露西的坏情绪消失得无影无踪，毕竟她已经失去了爱情，可不想再失去赖以生存的工作。

为此，露西保持镇定，以舒缓的语气对客户解释："不好意思，有话快说是公司对我们的要求，我刚才一着急把您当成我的同事了，所以才以这句话来提醒您。平日里我们同事之间进行沟通的时候，如果发现有人说话太慢，总是提醒对方'有话快说'。请问，您的公司里有没有类似的规定呢？"客户对露西的转变感到莫名其妙，却也不好意思继续指责露西，只好摇头表示否定，露西笑着对客户说："我还以为每家公司都会有这样的规定呢！"就这样，一场危机被露西化解于无形，露西从中吸取教训，意识到自己如果继续精神恍惚，对客户极不耐烦，一定会失去工作，因而再也不敢怠慢客户了。

在这个事例中，露西之所以有机会弥补自己的失言，就是因为她很善于控制情绪，在意识到自己的怠慢有可能会导致公司失去一个客户之后，她也没有表现出惊慌的样子，而是调整好态度对待客户，从而让客户怀疑露西此前是故意怠慢自己的，相信了露西的解释，也给了露西改过的机会。这样一来，露西才能弥补失言，也给予客户更热情和周到的服务。

从心理学的角度来说，每个人都有强烈的自尊心，都希望自己能够得到他人的认可和尊重，也希望自己的价值能够得到整个社会的认可。从人性的角度而言，自尊是人的本能，一个人如果没有自尊，就会无限地沉沦下去。因而在与人相处的过程中，我们既要维护他人的自尊，也要更加理性地维护自己的尊严，人与人之间唯有彼此尊重，相互爱护，才能维护好人际关系，让彼此的感情更加深厚。

当自己失言的时候，往往同时面临着尴尬冷场的情况，那么可以以自嘲的方式调节气氛，让坚冰消融。此外，如果失言给他人带来伤害，自嘲还可以帮助他人恢复心理平衡，让他人能够获得内心的平静，从而心平气和地与我们相处。如果一时之间想不到自嘲的好方法，还可以用故意曲解的方式，把说错的话尽量带回到正轨，从而起到积极的表达作用。例如事例中的露西，就是把"有话快说"的催促变成了公司规定，这样一来客户即使心生不悦，也不能过分指责露西。当无计可施时，还可以把观点嫁接到他人头上，但是注意不要对他人造成伤害，只需要达到转移对方注意力、不当面责怪和训斥你的目的即可。总而言之，一切失言都有可能酿成严重的后果，正因为如此，人们才说"饭可以乱吃，话不可以乱说"，以此来告诫人们必须谨言慎行，管好嘴巴，让人际交往顺遂如意。

沟通艺术：在发现自己说错话的时候，最重要的是保持镇定。在慌乱的情况下，要想想办法及时补救语言上的失误，几乎是不可能的。此外，过度慌乱也会加重人们对于错误语言的印象，使弥补变得更加困难。唯有始终保持理智和镇定，以不露痕迹的方式修复自己的语言，才能把场面话说好，让语言表达达到更好的效果。

●●被人揭短，不如自嘲●●

常言道，打人不打脸，骂人不揭短。如果在人际相处中被人揭短，又该如何自处呢？与其恼羞成怒，和他人争吵，甚至大打出手，不如最大限度调整好心态，气定神闲，以自嘲为自己解围，反而会达到更好的效果。

现实生活中，不是每个人都有高情商，都能把话说得恰到好处，我们除了要努力提升自己的情商和人际沟通的能力，竭尽所能把每句话都说得恰到好处之外，还要留心防范他人把话说得让你无法应对。唯有如此，在被他人揭短的时候，我们才能顺利为自己解围，这样不至于太尴尬。

尽管语言表达能力对于每个人而言是立足社会的一项重要能力，而且人际关系也成为每个人最重要的资源之一，但还是有很多人不知道如何表达，更不知道如何以语言与他人进行良好的沟通。所谓知人知面不知心，除了要小心防范坏人之外，我们还要留神防范那些不会说话的人，以免被他们猝不及防地打击得体无完肤。

很多怯懦的人在面对他人的揭短行为时，总是情不自禁地采取逃避的态度，羞得满脸通红，却不知道如何应对他人的犀利言辞。也许有些人并非故意揭短，但是对于有些别有用心的人而言，他们正是用这样的方式来让他人出丑，让他人无颜抬头，那么对于这类居心叵测的人，我们就无须客气，而是要拼尽全力以恰到好处的方式回击对方，也让他们见识到我们的"厉害"，这样他们下次再遇到我们的时候才会客客气气，收起自己的"毒舌"。也许有些朋友会想，这不就是反唇相讥吗？当然不是。不要误解，所谓惩治对方，未必是让对方受到严重的伤害，也不是肆无忌惮地以更加恶毒的语言伤害对方，而是要采取机智的方式，从而让对方知道他们的"毒舌"并不能使我们陷入尴尬的境地。这样一来，既能彰显我们的聪明机智，也能表现出我们的从容大度和气定神闲，对方自然不会再自不量力地试图以语言打击我们。

最近，小王在一个购物群里推销了自家鞋厂的鞋，原来，他家的鞋厂代加工外贸鞋，因为外贸订单取消，所以滞销了几千双鞋。为此，小王大力叫卖："走过，路过，不要错过，你买不了吃亏，买了不上当，这么好的鞋子只需要99元，原单外贸，保质保量！"说完，小王还把鞋的图片发到群里给大家看。这个时候，有个群友说："这种鞋是带毛的，比较厚实，感觉只有个子高的人穿才好看吧！可以搭配九分阔腿裤穿。"这个群友的话一出，原本对鞋比较感兴趣的群友都不说话了。

小王感觉群里气氛很尴尬，就把一张自己搭配着运动裤穿着鞋子的照片发到群里，说："我这样的矮胖子都能穿，只要把要求适当降低一些，不必追求看起来裤腿飘飘，而追求脚感舒适。俗话说，鞋子是否合脚，只有脚知道。实在不行，就在家里穿，也是很舒服的。"听到小王这么说，大家忍不住又开始活跃起来，还有几个群友决定买了在家里当拖鞋穿。

在这一事例中，小王在群里推销自家的鞋，即使被别人说这样的鞋很挑身材，但他灵机一动，巧妙地把大家的兴趣又调动起来。当然，小王让气氛活跃的方式就是自嘲。很多时候，适当的自嘲是有智慧的表现，这样可以避免与他人产生尴尬，也可以让人际沟通的氛围更加和谐、融洽。

每个人在现实生活中少不了要与他人沟通，如果为了不值一提的小问题，就对他人唇枪舌剑，导致人际关系万分恶劣，这无疑是得不偿失的。对于他人故意或者无意的揭短，最好的态度就是机智自嘲，从而以自曝其短来减轻自己的尴尬，这样能够最大限度地打开心扉，以真诚和坦诚来征服他人。

沟通艺术：自嘲要区分时间和场合，审时度势，发挥到最好的水平。如果在任意场合盲目自嘲，贬低自己，则往往会事与愿违。对于不期而至的揭短而言，迄今为止，自嘲仍然是最好的应对方式，因为一个人唯有勇敢面对自己的缺点，才具有战胜别人的力量。此外，以自嘲的方式给其他人带来快乐，就相当于把坏事变成好事，反而能够让大家更加欢乐。

●●故意答非所问，让他人无计可施●●

在生活和工作中，总有些别有用心的人，故意提出些尴尬的问题让别人出丑。有些人虽然心思坦荡，但是因为不擅长语言表达，或者因为一时的疏忽，给他人提出尴尬的问题。在这种情况下，逃避和拒绝回答，无疑会让现场的交谈氛围更糟糕。而如果正面应对，据实回答，又会让自己为难，这该如何是好呢？

面对尴尬的问题，不管是回答还是拒绝回答，都不是最好的选择，因为没有人愿意把自己陷入困境，如果还想维持与他人的关系，也不想以生硬的解决方法导致关系破裂。实际上，在这样的进退两难之中，有一种折中的方式，那就是故意答非所问，这样一来既回答了问题，给了他人面子，也避免了自己尴尬，有效地保护了自己，从而起到一举两得的作用。

此外，答非所问，还可以表现出回答者的机智，展现出回答者高水平的综合素养和博学的知识。需要注意的是，在做这一切之前，要保持面色平和，而不要因为对方出言不逊，就马上板起面孔，或者神情沮丧。当你把一切心事都写在脸上，你的表情就会出卖你，会使别人看穿你的心思，把你的一切心理动向都掌握在心。在现代社会，谁还愿意成为一个透明的玻璃人，生活在人群之中呢？所以要想立足于社会，就要有一定的城府，学会保护自己，这样才能让自己不轻易被人看穿。保护自己的初步方式，就是保持面色平静，甚至还可以面带微笑，这样一来，在遇到尴尬的情况时才会显得镇定，也才能给予自己更多的时间去斡旋。

中国文化博大精深，中国武术也有与众不同之处。很多熟悉中国武术的人都知道，打太极是非常慢的，甚至慢到可以控制速度。正因为慢，打太极才颇具难度，因为快反而简单，而慢则很难做到。在人际沟通中，如果不知道如何快速反应，不如走向另一个极端，那就是以慢的方式与对方打太极，从而让对方摸不着头脑，而我们也可以以慢取胜。看起来，这是在推脱问题，但恰恰能够帮助我们摆脱尴尬的境遇，让我们在与他人的周旋中获取胜利。

小豆已经三十五岁了，却还是孤身一人。每年春节回到家里，小豆因为被逼婚而不堪其扰。所以每到春节，小豆回家的时候生怕又被亲戚朋友们逼婚。

大年初一，小豆和妈妈一起去本村的大娘家拜年，大娘看到小豆还是形单影只，忍不住说："小豆啊，什么时候才能看到你带个男朋友回来呢？你看看你大哥，只比你大一岁人家的孩子都要打酱油了！"小豆不知道如何回答，灵机一动问："大娘，时间过得快着呢，再一眨眼，您的孙子都该娶媳妇了。"大娘听到小豆提起孙子娶媳妇的事情，也乐呵得很，赶紧说："是啊，我再过十几年，就该抱上重孙子了……"就这样，提起重孙子的事情，大娘非常兴奋，说个没完，把小豆的婚姻大事完全抛在脑后了。小豆高兴不已，乐得耳根清净。

在这个事例中，原本是大娘为小豆的婚姻大事感到着急，却不想小豆说起大娘孙子再过十几年要娶媳妇的事情，成功地转移了大娘的注意力，也把话题从自己身上转移开。这样一来，小豆就无须面对大娘催婚的尴尬，也就可以清清静静拜年，内心轻松地面对大娘了。

每个人在人生中总有一些不想面对的尴尬问题，当被问及尴尬问题的时候，与其一味地逃避，不如神不知鬼不觉地转移话题。尤其是当说起对方感兴趣的话题时，对方一定会感到非常高兴，因而不知不觉就把话题岔开，也让尴尬烟消云散。

沟通艺术：在很多非正式的交谈和正式的场合中，一旦遇到尴尬问题，不知如何面对。最重要的在于，要有的放矢地打太极，从而通过转移话题来消除尴尬和难堪，找回从容和自信。

●●夸大错误，让对方消气●●

对于一个不小心犯错的人，如果他非但不能主动认错，还总是推脱责任，你会怎么想呢？你当然会觉得对方很讨厌，刁钻圆滑，根本不能承担起该负的责任。这样一来，你对对方的印象也会大打折扣，甚至觉得对方的人品有问题。实际上，正是对方的推脱让你难以接受，因而当犯错的时候，与其一味地逃避责任，不如勇敢地承认错误，有的时候还可以故意夸大自己的错误，从而赢得他人的谅解。

近些年来，宫斗剧很吸引观众的眼球。例如《甄嬛传》等，把没有人亲身经历过的深宫故事演活了，让人看起来欲罢不能。细心的朋友们会发现，在皇宫里，等级森严，很多奴婢一旦犯了错误，就会跪在地上如同捣蒜一般磕头，强求治罪。这是因为他们知道，即使为自己辩解，也无法圆满地解决问题，反而涉嫌推卸责任，在这种情况下，还不如积极主动地请罪，反而能够得到当权者的宽容和善待。

现实生活中，我们要想成功赢得他人的谅解，就必须非常用心，在犯错误的情况下一定不要盲目推卸责任，而要更加主动承认错误，甚至在对方还没来得及批评自己之前，就对自己展开深刻的自我批评。这样一来，我们反而能够得到他人的谅解和宽容，也可以逃脱原本严厉的惩治。

卡耐基很喜欢狗，他有一只狗叫雷斯。每当闲暇的时候，卡耐基会带着雷斯去家附近的森林公园里散步。雷斯性格温和，很少会发怒，为此，当发现四下无人的时候，卡耐基就会解开雷斯的狗链或者是口罩，让雷斯完全放松地撒欢。有一天，卡耐基正看着远处的雷斯撒欢，突然有一名警察来到卡耐基面前，警察质问卡耐基："为什么不给小狗拴上链子或者是戴上口罩？"卡耐基辩解道："这里没有其他人，而且我的狗很温和，不会主动攻击的。"警察听到卡耐基的话更生气了，训斥卡耐基："你说它不会咬人，它就不会咬人吗？它很有可能会让孩子受到惊吓，甚至咬伤孩子。它还会咬死松鼠。这些你能负责吗？下不为例，如果我再看到你带着小狗出来却不采取任何措施，我一定会把你带到法官大人面前，让你亲自向法官大人解释。"

然而，雷斯不喜欢戴口罩，也不喜欢被狗链子拴着。卡耐基实在忍不住，又一次带雷斯来到森林公园的时候，又给雷斯摘下口罩，打开链子。雷斯刚撒欢几分钟，那天的警察又过来了。这一次，卡耐基不等警察开口，就赶紧进行深刻的自我批评："很抱歉，我知道它有可能咬伤孩子或者咬死松鼠，我马上就给它戴上口罩，保证下不为例。"不想，看到卡耐基认错的态度很好，警察的态度也很友好。警察对卡耐基说："这里的确没有其他人，小狗也有权利放松片刻。不过，到了人多的地方，你必须给他戴上口罩，拴上链子，否则我们谁都负不起这个责任！"卡耐基连连点头，对警察说："您说得很有道理，我一定会照办的。"

在这个事例中，卡耐基第一次之所以被警察训斥和批评，是因为他没有主动认错，反而试图通过辩解为自己开脱责任。在第二次遇到警察时，卡耐基吸取教训，第一时间主动向警察认错，对于一个已经知道自己错了的人，警察无法大发雷霆，反而觉得雷斯也变得可爱了。为此，警察默许卡耐基可以在没有人的地方给小狗撒欢，而在有人的地方，必须给小狗戴上口罩，拴上链子，这样才能保证小狗不给身边的人和动物带来危害。从卡耐基的身上我们可以得到经验，在犯错误的情况下一定要及时认错，而不要试图为自己辩解。无论因为何种原因导致错误，都不是人们犯错的理由，所以作为犯错的人，必须深刻地认识自身的错误，也及时反省，摆出积极的态度，才能避免被他人斥责。

需要注意的是，认错的态度要及时主动，也要真诚恳切，但是切勿"一而再，再而三"地进行。尤其是当我们的错误给他人的身心带来伤害的情况下，与其一遍又一遍地进行口头上的道歉，在他人的心灵伤口撒盐，还不如在诚挚道歉之后不再提及让人伤心的话题，也可以做一些实际的事情弥补给对方造成的伤害。这样才是卓有成效的道歉方式，也有利于人际交往。

沟通艺术：金无足赤，人无完人，每个人在生活中都会遇到各种各样的尴尬情况，或者因为自身的疏忽和一时大意而给他人带来严重的伤害。在这种情况下，道歉一定要及时，还要主动反思自己的错误，进行深刻的反省。与此同时，也要注意避开让人伤心的话题，及时停止对他人心灵的伤害，也让时间的流逝帮助他人抚平创伤。

第八章　幽默是金，让沟通熠熠生辉

在人际沟通的过程中，幽默是润滑剂，能够让原本艰难晦涩的人际关系得以润滑，也可以最大限度给人带来快乐。一个幽默的人就像是快乐的源泉，总能够吸引更多的人在身边，也可以以欢声笑语洗涤人们内心的忧愁苦闷，从而让生命充满阳光。

●●幽默要格调高雅，远离庸俗●●

很多人误以为幽默就是开媚俗的玩笑，就是贬低自己以迎合他人，就是搞怪逗得别人哈哈大笑，其实幽默并不庸俗。真正的幽默，格调高雅，是大智慧的表现。

在西方国家，人人都很重视幽默，甚至有些年轻人在寻找人生伴侣的时候，都把幽默作为必备的品质，因为他们很清楚只有一个真正幽默的人，才能最大限度地发掘生命的快乐，也才能让人生变得幸福而又充实。反之，一个人如果缺乏幽默细胞，总是郁郁寡欢，悲观绝望，这直接导致他们在面对人生的很多困境时，总是无法开导自己。

幽默不是低俗的聪明，而是更高级别的智慧，只有思维敏捷、语言表达能力强的人，才能随心所欲地在生活中展示幽默，也才能在人际相处的过程中与他人进行良好的沟通和互动。与此同时，幽默的人也具有独特的人格魅力，因此他们人缘很好，身边也围绕着很多志同道合的朋友。

现代社会，人脉资源已经成为最重要的资源之一，越来越多的人重视自身的发展，重视打造自身的良好形象，这是因为他们知道形象的好坏往往关系到未来的前途和命运。幽默的人极富魅力，而且在人际交往中总是能够迅速地俘获人心。遗憾的是，总有些人对于幽默存在误解，总觉得所谓幽默就是搞怪和恶搞，就是把快乐建立在他人的痛苦之上。这样的幽默，是不合时宜的，也很难得到他人的认可与赏识。

如果用菜品来比喻幽默，那么幽默不仅有真材实料，而且分量十足，更是色香味俱全。所以要想为身边的人奉献上一道幽默大餐，就要先成为一个技艺高超、品质优秀的厨师，掌握幽默的火候，把幽默烹饪成一道真正的美食。在关系亲密的朋友之间，在私底下的场合里，幽默也许可以更加随意，但是在关键场合，则不要过于肆无忌惮地幽默。幽默到位，会有效缓解人际关系；幽默不到位，则会事与愿违，甚至给他人留下糟糕的印象。

小海最近经人介绍认识了一个女孩，原本他与女孩的关系发展顺利，彼此产生了好感。但是在一次约会的时候，因为小海和女孩开玩笑太过，惹恼了女孩，使女孩再也不愿意和小海见面。

原来那天在公园里，女孩含情脉脉地问小海："你觉得我怎么样？"小海用低俗的语言同女孩开了个玩笑，小海话音刚落，女孩脸上就露出嫌恶的表情。小海心知不妙，原本想向女孩道歉，却不想女孩就像面对瘟疫一样逃之夭夭，再也不愿意亲近他。

在这个事例中，原本小海是想与心爱的女孩开玩笑，却没想到他的玩笑粗俗不堪，彻底惹恼了女孩。对于才刚刚展开恋爱关系的女生而言，小海的玩笑无疑太过低俗。在这样的玩笑之下，女孩必然觉得小海没有内涵，对小海感到非常失望。因此，小海被女孩甩掉也就不足为奇了。其实，女孩原本是想得到小海的真心赞美，却没想到小海对她这么轻浮，这也是女孩对小海感到失望的重要原因之一。

人际相处中，我们首先要区分幽默和低俗玩笑之间的关系，如果人人都把低俗的玩笑当成是幽默，那么生活中将会充满污言秽语。良好的语言环境，需要每个人去用心维护，切勿在人际相处中口无遮拦，也切勿让自己因为低俗的语言而被他人鄙视。记住，人人都喜欢正面的赞美，根据不同的时间和场合，根据不同的交往对象，我们也要及时调整自己的语言策略，从而说出能够打动人心的话来。

沟通艺术：低俗不是幽默。幽默是高雅的人际相处艺术，低俗只会让人在交往中陷入困境和怪圈，导致人际关系恶劣。尤其是说话要因人制宜，有些话对于有的人能说，对于有的人则不能说。作为表达者，必须有的放矢，才能最大限度地发挥语言的魅力，经营好人际关系。

●●幽默要把握分寸●●

常言道，凡事皆有度，过度犹不及。在人际沟通中，尽管幽默是润滑剂，也是能给人带来快乐的大智慧，但是幽默同样要讲究度，要把握分寸，而不能失去准绳，没有限度，否则就会事与愿违，甚至导致事情恶化。

在这个世界上，每个人的嘴巴都是用来品尝美味食物的，但是一个人不仅仅只有嘴巴具有味觉，耳朵同样有"味觉"。这是因为人人都希望听到正面的评价，积极的赞美，而不希望听到刺耳的批评，更不愿意被他人无情地否定。所以在发挥幽默能力与人沟通的过程中，我们也应该积极慷慨地赞美他人，这样才能最大限度地发挥幽默的作用，给他人带来良好的沟通体验。

当然，千篇一律的赞美也是会让人心生厌倦的，如果能够在赞美中加入幽默的元素，则会让他人在听到赞美的时候感到耳目一新。很多人希望自己能够拥有良好的人际关系，殊不知，要让人际沟通更加顺畅，要想人际关系良性循环，幽默的赞美就必不可少。

有一天，一只饥肠辘辘的乌鸦不知道从那里找到一块肉，用嘴巴叼着飞来飞去。飞得累了，乌鸦就停留在树枝上，当然，它知道自己的嘴巴里有肉，所以它把嘴巴闭得紧紧的，生怕把肉掉下去。一只狐狸从很远的地方就闻到肉的香味，因而循着香味找过来。看到乌鸦嘴巴里叼着肉，狐狸馋得直流口水。狐狸很想吃到这块肉，为此，它想方设法引乌鸦说话。

狐狸站在树底下，仰起头对乌鸦说："乌鸦先生，您的黑色大衣可真漂亮，我敢打赌，森林里没有鸟的羽毛有你这么光亮、美丽的了！您的嗓音也很优美，比百灵鸟的歌喉更加动听。我觉得应该封您为百鸟之王，让您统率百鸟。"向来被人人喊打的乌鸦听到狐狸给予它这么高的评价，不由得哈哈大笑起来，不想，这一笑，它嘴巴里的肉就掉了，变成了狐狸的腹中之物。

很多朋友一定还记得这篇寓言故事，它告诉我们狐狸有多么狡猾。而实际上，这篇寓言也从侧面告诉我们，每个人都喜欢听到他人的赞美，赞美就像是一枚糖衣炮弹一样，让人无法招架。然而，尽管赞美总是能轻易打动他人的心，但也是不可滥用的。当赞美泛滥成灾，当幽默也无法给赞美增色时，这样的赞美不会达到预期的效果。记住，如果你必须赞美某个人，一定要发现对方不为人注意的优点和长处，而不要睁着眼睛说瞎话，非要强迫自己把对方夸得天花乱坠。与其夸大其词地赞美，让幽默事与愿违，还不如适度赞美他人，也适度幽默一下，这样才能达到预期的效果。

现实生活中，很多人一旦夸起别人来，总是无所顾忌。实际上，做人要带着真诚的心，让自己言符其实，摸着良心说话。否则，赞美过度就变成了虚伪，幽默过头就变成了奉承，都是得不偿失的。此外，夸赞别人的时候还要讲究禁忌，要根据具体的事情和面对的交谈对象，采取适宜的态度，而不要觉得赞美就可以无所顾忌，没有限度。凡事皆有度，过度犹不及，赞美和幽默同样如此。只有把握适度的原则，才能达到最好的沟通效果。

沟通艺术：赞美原本是向他人示好的一种方式，虽然加入幽默的元素能让赞美更加效果显著，但也要把握一定的度，而不要让赞美失去分寸，变得没有限度。否则，失去分寸的幽默就会让人陷入困境，使人变得被动。

●●妙用夸张，幽默无极限●●

我们曾学过夸张的修辞手法，也知道所谓夸张就是夸大其词。那么如果把夸张和幽默结合起来运用到语言表达中，将会达到怎样的效果呢？相信每个人对于夸张的幽默，都会有不一样的理解和反馈吧！

夸张的幽默，也可以称为夸张式幽默，就是把幽默与夸张结合起来，从而达到最佳的戏剧效果。前些年，很多人喜欢看赵本山和宋丹丹表演的喜剧小品，甚至有些人在春节联欢晚会的时候一直等到零点，就是为了看赵本山和宋丹丹的表演。其实，赵本山和宋丹丹在喜剧小品中采取的表演方式，就是夸张式幽默。需要注意的是，所谓夸张式幽默，绝不是简单地吹牛皮。真正的夸张尽管对于客观事物有着夸大或者缩小的行为，但依然以真实性为基础，让人感到一切都是合理的，这样的幽默效果具有现实的基础，所以可以引起更多的共鸣。

夸张式幽默除了给人带来欢声笑语之外，还可以深度发掘和揭露事情的真相，从而达到震撼的喜剧效果，给人留下深刻的、难以磨灭的印象。所以在很多影视剧和艺术作品中，尤其是在小品、相声等语言类表演艺术中，往往能够达到良好的艺术效果。

美国作家马克·吐温乘车去参加演讲，然而演讲的时间都快到了，火车还在慢慢吞吞地往前走，马克·吐温感到心急如焚，不止一次催促列车员，询问列车员火车何时才能到站。列车员被问得很心烦，索性对马克·吐温不理不睬，为此，马克·吐温也很生气。

等到列车员来查车票的时候，马克·吐温灵机一动，从领座的孩子那里借来儿童票，将其作为自己的票给列车员看。列车员一看到车票，马上笑着问马克·吐温："请问这位先生，您几岁了？恕我眼拙，真的看不出您的真实年龄。"马克·吐温一本正经地告诉列车员："你应该能看出我现在肯定不是孩子，而是成人。但是我告诉你，这列火车实在太慢了，我买票的时候还是个孩子，如今在列车还没有到站之前，就已经长大了。"听到马克·吐温的话，整个车厢的人都哈哈大笑起来。

还有一次，一位刚刚走入文学创作大门的青年作家写信给马克·吐温，问马克·吐温："我听说人如果想让自己变得聪明，就要多吃鱼。我也听说大多数作家都是因为吃鱼才变聪明的，那么我要想成为一位优秀的作家，到底要吃多少鱼呢？我可否问问您吃了多少鱼，又或者能否告诉我吃哪种鱼效果比较好呢？"在这一连串的问题下，马克·吐温感到啼笑皆非，他直接提笔给青年作家回信："我认为，你至少要吃掉一头鲸鱼。"

在第一个事例中，马克·吐温运用了夸张的表达方法，把自己对于列车速度太慢的不满表达出来。可想而知，当一列火车把一个孩子变成了成年人，可想而知这列火车的速度有多么慢，让人多么心急。马克·吐温这样夸张的幽默表达让整个车厢的人都会心地笑起来，他虽然没有直接表达对火车速度慢的抱怨，却以这样的方式更加形象生动地表达了自己内心的不满。由此一来，也间接地向列车上的工作人员提出了建议，希望他们能够为火车提速。

在第二个事例中，马克·吐温没有讽刺这位青年作家，而是只建议他吃掉一头鲸鱼。众所周知，鲸鱼是海洋里最大的"哺乳动物"，因而可以想象到在这样无限度的夸张下，表达效果惊人的好。其实，不仅仅作家喜欢用夸张式的幽默来表达自己的想法，很多政治人士也同样喜欢用夸张式幽默来表达自己的观点和态度。总而言之，只要把夸张式幽默运用得恰到好处，就能达到绝佳的表达效果，也有利于人们最大限度地发挥幽默，为身边的人和自己带来快乐。

沟通艺术：夸大其词，听起来似乎很难界定，但是当夸张成为一种绝佳的修辞手法，也成为幽默的最佳拍档，表达的效果将会超乎你的想象。人若想在人际沟通的过程中给他人留下深刻的印象，就要记住一味地请求得到他人的深刻记忆是行不通的，最重要的是能够让自己有区别于他人的语言，有与众不同的表达风格，这才是最切实可行的，也能让沟通达到事半功倍的效果。

●●设好悬念，幽默也能"抖包袱"●●

熟悉相声的朋友们都知道，在相声中需要"抖包袱"，才能让表演更精彩。此外，诸如逗哏、捧哏等，都是相声的技巧。然而"抖包袱"这一高超技巧唯有在特别关键的时刻把包抖出来，才能达到预期的效果。

抖包袱，顾名思义就是设置悬念，从而把自己的想法出乎观众预料地呈现出来，给观众营造极其强烈的喜剧效果。在现实生活中，很多人以幽默风趣、妙语如珠等词语来形容一个人高超的语言表达能力，实际上这样的语言表达水平都是通过设置悬念达到的。在沟通过程中，要想给人意外惊喜，或者让自己的表达完全出乎他人的预料，使他人猝不及防，那么就要在一开始就找到合适的时机，设置悬念。此后，在推动悬念不断向前发展的过程中，还要注意保密工作，不要一不小心就给他人留下蛛丝马迹，更不要让他人猜出你的悬念所在。

古诗云，"山重水复疑无路，柳暗花明又一村"，悬念的揭晓就是柳暗花明，悬念的结果就是突然出现在你眼前的、灯火阑珊的繁华村落。琴棋书画，大凡与艺术有关的工作，都需要营造美妙的意境，很多人误以为只有作画需要意境，殊不知，语言表达更需要意境。现代社会中，没有人愿意成为他人一眼就能够看到底的透明人，这也就意味着我们必须学会处变不惊，甚至要让自己有城府，让自己静水流深，而不要成为清浅的小溪。

最近这段时间，爸爸一直忙于工作，每天都要忙到深夜才能回家，早晨天不亮就起床去单位，因而小亮虽然和爸爸妈妈生活在一个家里，但是每天只能看到妈妈，根本看不到爸爸。日子久了，小亮开始思念爸爸。

有一个周末，小亮在家等了很久也不见爸爸回来，于是给爸爸发微信，问道："爸爸，你每天能赚多少钱？"爸爸反问："你问这个做什么？咱家只是普通的工薪阶层人家，爸爸妈妈都是靠辛辛苦苦工作才能赚钱养活你的。"小亮说："爸爸，我只想知道你每天能赚多少钱，你可以告诉我吗？"爸爸思忖片刻，给小亮回复："三百元。"小亮又问爸爸："爸爸，我有非常重要的事情要做，需要五十元钱，您可以给我吗？等我有钱了，马上就会还给你。"爸爸觉得好笑："你这个家伙，要五十元钱做什么？为何不向妈妈要？"小亮说："因为我想给妈妈一个惊喜。"听到儿子这么说，爸爸很感动，觉得儿子长大了，于是用微信红包给小亮转账五十元。不想，爸爸的红包才转给小亮，小亮马上给爸爸发了两个红包。爸爸打开发现，一个红包里是二百元，一个红包里是一百元。小亮对爸爸说："爸爸，明天就是你和妈妈结婚十周年的日子，我想用这三百元买你休息一天，这样你就可以留在家里好好陪陪妈妈，我也可以看到你了。你不在家的日子里，妈妈总是很烦躁，常常生气，也因为家务活太多，累得唉声叹气。"爸爸感动极了，当即答应小亮休息一天，还许诺要带妈妈和小亮一起去游乐场玩！

在这个事例中，小亮的本意是请求爸爸次日休息，在家里陪伴他和妈妈。但是小亮担心爸爸不同意，所以用三百元购买爸爸休息一天，这样一来，爸爸不会继续忙于工作，把小亮和妈妈置于不顾。小亮非常聪明，他别出心裁，把自己的一个普通请求说得合情如理，幽默诙谐，从而让爸爸无法拒绝。

设置悬念是需要技巧的，就像煮饺子的最高境界是把饺子馅煮熟，而又要让饺子皮保持完整一样，设置悬念也必须注意保密，不但不能以语言暗示对方，包括神情动作也要有所收敛，才能避免提前穿帮，达到预期的效果。当然，凡事皆有度，过度犹不及，设置悬念也要把握适度的原则，从而避免因为过度而导致事与愿违。

沟通艺术：设置悬念说简单也简单，说难也难，最重要的在于悬念必须巧妙，最好能够引导人"误入歧途"，这样在揭晓悬念的时候才能达到最佳的效果。记住，前后反差越大，悬念越能达到更好的效果，幽默也才会具有夸张的效果。当然，要想设置精巧的悬念，必须丰富自身的知识，唯有以渊博的知识作为基础，悬念才能更加悬而未解，一旦解开，就会让人感到震撼。

●●偷换概念，让幽默充满智慧●●

在人际沟通的过程中，如果能够恰到好处地使用偷换概念的沟通技巧，则不但能够缓解沟通过程中的尴尬，还能达到幽默的效果，让沟通事半功倍，别有情趣。通常情况下，偷换概念的行为越是进行得隐晦，越是能够达到意外的幽默效果，从而让沟通顺畅进行，效果立竿见影。

有人说，幽默是最高级的智慧表现形式之一，只有思路清晰、情商很高的人，才能恰到好处地运用幽默给自己和身边的人带来快乐。还有人说，幽默其实是一种情感思维方式，和理性思维方式既有相同之处，也有不同之处。所以很多人无师自通，具有幽默的能力，但是如果没有情感思维方式作为理性思维方式的补充，则幽默的效果就没有那么强烈。

深谙心理学的朋友们知道，幽默的情感思维方式，和大多数人所擅长的理性思维方式差别细微，但是从大的方面来说，主要有两个方面不相同：一是在概念方面有很大不同，二是在推理方法上有很大不同。本节我们的重点在于偷换概念，那么就要重点阐述在运用幽默的沟通技巧时概念会起到怎样的作用。

如果说理性思维更加严谨，一切沟通必须建立在共同的认知背景和同一个话题的前提之下进行，那么在幽默的思维方式中，则无须这么严谨。从另一个角度而言，为了达到良好的表达效果，当事人还可以刻意地偷换概念，从而达到让人惊喜的效果。中国汉字博大精深，同一个汉字、词语或者是语句，当用在不同的语境之中，或者由不同的人以不同的语气说出来，往往会达到不同的效果。因而当"别有用心"的人特意偷换概念，效果往往也是惊人的。也许有朋友会说在逻辑严密的情况下，偷换概念的情况决不允许存在。的确，偷换概念会让人在理解的时候出现巨大的偏差，也会导致严重的后果出现，但是在日常沟通中，甚至是在一些语言类的表演节目中，偷换概念能达到良好的效果，因此是可以运用的。

有一段时间，小鹏特别喜欢脑筋急转弯的游戏，他不但自己喜欢看与脑筋急转弯相关的书籍，而且在与人沟通时，也常常以脑筋急转弯逗乐，总是把身边的人逗得哈哈大笑。

有一次，家里来了客人，小鹏又开始与客人玩脑筋急转弯的游戏。客人饶有兴趣，觉得小鹏很幽默风趣，所以也被调动起兴致，问小鹏："你的哥哥有十个苹果，你从哥哥那里分走了五个苹果，结果呢？"小鹏想了想说："结果……结果……结果就是我被哥哥狠狠地揍了一通，然后哭鼻子。"小鹏的话把客人逗得哈哈大笑。

在这个事例中，机智的小鹏在和客人玩脑筋急转弯的游戏时，采取了偷换概念的方式回答问题。原本，客人是想考一考小鹏对于数学的理解能力和应变能力，没想到小鹏回答的却是哥哥在被弟弟分走五个苹果之后暴跳如雷的反应。如果不是在数学试卷上，小鹏的回答完全没有问题，因为小鹏并未从数学的角度回答问题，而是以啼笑皆非的口吻说出了残酷的现实，达到了良好的幽默效果。

偷换概念的关键就在于把概念神不知鬼不觉地就换过来，这样一来，会对人的思维起到强烈的冲击作用，也才能达到最佳的幽默效果。现实生活中，很多幽默的人擅长偷换概念，是因为他们思维敏捷，幽默水平很高。幽默是智慧的最高表现形式之一，如果你觉得自己也充满智慧，那么就开始锻炼和提升自己的幽默能力，从而让自己在人际沟通中有更好的表现吧！

沟通艺术：偷换概念，一定要不动声色，起到"抖包袱"的效果，幽默的作用才会呈现出来。否则，如果提前露出蛛丝马迹，让他人做好了心理准备，则这样的偷换概念就是失败的，也无法达到幽默的效果。

●●幽默搭讪，与他人亲近●●

在与陌生人相处的时候，很多人都会觉得为难，因为他们不知道如何才能与陌生人搭讪，更不知道怎样才能顺利与陌生人展开交流。实际上，生硬的搭讪往往会被充满警惕和戒备心理强的人拒绝，最好的方式就是以幽默的方式搭讪，这样既可以瞬间拉近与对方的心理距离，让对方与我们亲近，也可以给对方带来快乐，因而搭讪的成功率会大大提高。

每个人都想在人生中收获爱情，有些人属于慢热型，喜欢日久生情，有些人是快热型，喜欢一见钟情。然而，爱情最终以怎样的方式来到我们身边，我们并不能决定，我们只能尽力去争取。

很多人以为只有与熟悉的人之间才会产生爱情，其实不然，熟悉的人之间是日久生情，而很多时候，陌生人之间同样会摩擦出爱情的火花，如果能够把握机会，说不定能够成为一段佳话呢！当然，也有人会担心被拒绝，毕竟一旦与喜欢的人搭讪而被拒绝，会非常尴尬。那么有一个绝妙的方法可以两全其美，既维护自身的颜面，也能够打开对方的心扉，那就是幽默搭讪。尤其是作为男孩子，在面对喜欢的女孩时一定不要迟疑，因为几乎每个女孩都是骄傲的公主，希望自己得到更多男孩的倾心和青睐，也以此为骄傲。所以男孩一定要勇敢，要鼓起勇气，向自己所爱的女孩表白。

自从新学期开始，凯奇就经常在校园里见到一位美丽的女孩，这位女孩不仅容貌俊秀，而且气质出众，简直是全校所有男生的梦中情人。因此，凯奇很快就打听到了女孩的芳名，她叫依依，人如其名，真的如同清澈池塘里的一丝丝涟漪那么清纯、动人。

凯奇不敢向依依表白，因为他很清楚自己一旦被拒绝，再次见到依依的时候就会觉得很别扭。直到有一天，凯奇看到依依走入学校附近的一家咖啡馆，于是他跟随在依依身后走进去，鼓起勇气走到依依的对面坐下，问："您好，美丽的女孩，我是你的校友，不止一次在校园里看到你的背影，可以问你的名字吗？"依依莞尔一笑，说："卡布奇诺啊！"显而易见，依依不想把自己的真名告诉凯奇，凯奇也不想唐突地对依依直呼其名，于是凯奇灵机一动说："既然你以咖啡为名，我也应该配合才是，那么我就叫丝滑拿铁吧！"听到凯奇的话后，依依忍俊不禁，就这样，他们在咖啡厅相谈甚欢，为了尝一尝对方的"味道"，他们还交换了咖啡。后来，卡布奇诺和丝滑拿铁成为校园中最亮丽的爱情风景。

面对依依变相的拒绝，凯奇没有退缩，反而灵机一动，以"丝滑拿铁"为名，幽默搭讪，成功地与依依相识，展开交谈。事实证明，他们在没有认识之前是陌生人，在彼此相识之后，却成为相见恨晚的朋友，彼此一见倾心，相谈甚欢。

陌生人，并没有我们想象的那么可怕。要想成功地与陌生人搭讪，除了需要勇气之外，还需要智慧和幽默。幽默搭讪，即使被拒绝了也没有关系，更何况伸手不打笑脸人，当我们以热情和微笑对待他人，自然会得到他人同样的对待。不管是在爱情中，还是在普通的人际关系中，幽默搭讪的效果是最好的，也是人与人之间的润滑剂，能够润滑人际关系，加深人际感情。

沟通艺术：在这个世界上，没有人不愿意听到幽默的话，幽默不但使人感到身心放松，还会让人感受到发自内心的愉悦。心理学上有个首因效应，指在人际交往中，第一印象往往会给人留下深刻的印象，由此一来，当我们与陌生人搭讪的时候充分发挥幽默的作用，就能为我们增加亲和力，也会让我们的搭讪水到渠成，达到预期的效果。

●●自相矛盾，也是一种幽默●●

如果一个人的矛是这个世界上最锋利的矛，一个人的盾也是这个世界上最坚硬的盾。那么，以他的矛攻击他的盾结果将会如何？《自相矛盾》的故事从古代流传至今，放在语言沟通的环境中，加以幽默的色彩，就会为沟通增添乐趣。

一个人说话不能自相矛盾，因为这样根本不符合逻辑思维，也就无法做到自圆其说，还会导致自己陷入尴尬的境遇之中无法自拔。然而，正是这样听上去不符合逻辑也无法自圆其说的话，成功地为我们制造了幽默搞笑的效果。在某些特定的情况下，自相矛盾的现象越严重，喜剧的效果也就越发明显。

为何自相矛盾能够制造出强烈的幽默效果呢？从心理学的角度而言，自相矛盾的话往往无法自圆其说，这也就决定了自相矛盾会产生自我抵触，形成巨大反差，会使人承受强大的心理压力。当压力达到一定程度的时候，人们感到非常震惊，又因为强烈的情绪即将爆发，所以他们只能哈哈大笑，这样一来，就会达到幽默的效果。在矛盾的关系构成中，这样的幽默让人在欢笑之余，也会陷入深刻的沉思之中。所谓嬉笑怒骂，就是这个道理。当然，这种幽默带来的启发并非是让人心生厌倦的说教，而会让人在欢笑之余主动地反思和反省自己，从而起到主动领悟道理的作用。

根据目的不同，自相矛盾式的幽默可以分为两种：一种幽默是为了自我暴露，另一种幽默是为了嘲讽他人。通常情况下，自我暴露式的幽默表现为自嘲、自我贬低和调侃等，目的在于拉近与他人的关系，与他人顺畅沟通。嘲讽他人式的幽默，则是为了讽刺他人，以一针见血的方式指出他人的错误和不足，给他人以警醒。当然，在具体事情中使用哪种幽默方式，是根据事情的具体情况和不同的沟通对象决定的，要有的放矢，而不能盲目。从另一个角度而言，不管使用哪种方式来自相矛盾，只要能达到预期的效果，只要产生戏谑的作用，就是合理且有效的。

有一次，国会议员们经过决议，通过了一个法案。但是，马克·吐温认为该法案根本不合理，而且还很荒谬，于是在报纸上刊登告示，在告示上严厉对那些自以为是的国会议员提出警告，告示内容如下："至少有50%的国会议员都是混蛋。"看到马克·吐温在报纸上公然指责和谩骂国会议员，很多国会议员打电话向马克·吐温提出抗议，马克·吐温在次日修改告示，告示内容如下："应该有50%的国会议员不是混蛋。"看到这则告示，国会议员无计可施，因为马克·吐温已经根据他们的抗议修改了告示，但是实际上这对于帮助他们恢复声誉并没有好处。

其实，马克·吐温是在耍花招，他用前后矛盾的声明来敷衍议员们，仅从表面上看，他的确修改了告示，实际上，他只是改变了告示的表达方式，而对于告示的实质性内容却没有进行任何改变。马克·吐温对于文字的运用得心应手，第一次发布告示，他是在用肯定的方式否定大部分国会议员，而在第二个告示中，他则是在用否定的方式表达肯定的意思。无论表达方式如何改变，他的意思没有改变，都在指责国会议员盲目通过荒谬法案的错误。

在艺术表达中，很多人会以前后矛盾的方式戏谑地表达某种意思，诸如"此地无银三百两"，常常被用于艺术表达，而且在舞台表演中，达到了绝佳的幽默效果。在这样首尾难以兼顾的矛盾冲突中，人们欢笑之余更引发深思，因而起到了嬉笑怒骂的艺术效果。为了艺术表现，为了沟通效果，除了可以借鉴他人自相矛盾的表达方式之外，还可以特意创造一些具有自相矛盾效果的词汇或者语言，从而在强烈的对比中产生更加强大的艺术力量。

沟通艺术：在营造自相矛盾的沟通效果时，也要注意前后铺垫。在铺垫好前面的矛盾的一面之后，我们再在不经意间抖出矛盾的另一面，从而才能达到让人惊讶的喜剧效果。也因为这样的铺垫，艺术效果会更加强烈，使人在幽默的情境下受到深刻的启迪和教育。

第九章 当众演讲，会赋予
你无穷的魅力

和与某个人面对面单独沟通相比，当着众人的面发表演讲对讲话者的要求更高。一个真正善于当众演讲的人，必然有着超高的语言表达能力，也掌握一定的语言表达技巧，最重要的是，他们还有强大的心理素质，所以才能在众人面前做到泰然自若，气定神闲。

●●人未至，声先到，打造强大气场●●

人未至，声先到，是打造强大气场的重要方式。要想在当众讲话的时候有突出的表现，我们就要学会以声音提升自我气场，从而彰显自己的强大和与众不同。一旦气场强大，对他人起到震慑作用，一切就能水到渠成。

看过《红楼梦》的朋友们一定还记得，凤姐的出场方式特点——人未至，声先到。在林黛玉千里迢迢投奔外祖母，被外祖母抱在怀里喊着心肝宝贝的时候，凤姐姗姗来迟，比众人来得晚，而且人还没有进屋，声音就先传了过来。由此可以感受到凤姐强大的气场，虽然她是孙子媳妇，但却是贾府的主管，而且深得老祖宗的喜爱，所以能够如此放肆而不受指责。凤姐这样的出场方式尽管比众人都晚，但是却后来居上，充分显示出她在贾府与众不同的地位。

当然，我们不是凤姐，也没有凤姐在贾府的地位，自然不可能在所有场合都先声夺人，无所顾忌。很多时候，我们当众讲话不是以领导者的身份，而是以参与者的身份，例如面试的时候当众自我介绍，再如在公司进行设计稿讨论的时候，想方设法推销自己的设计。这样一来，一味地气场全开是不可行的，还要对在座的领导、同事表示尊重，与此同时，更要吸引大家的注意力，更好地展示自己。细心的朋友会发现，很多美国人特别喜欢幽默，他们在当众发言的时候往往会先与台下的听众们进行亲切随意的交流，从而吸引听众们的注意力，引起听众的关注，也博得其好感。这样一来，等到他们讲话的时候，听众们自然会提高注意力，专心听讲，从而也就达到了良好的演讲效果。此外，为了给演讲者进行铺垫，还有些主持人在进行串联的时候会特意隆重推出下一个演讲者，这也是帮助演讲者提升听众关注度的好方式。当然，如果主持人忘记做这项重要的工作，作为演讲者，也是可以在演讲之前先进行简单的自我介绍，从而提升自身关注度。需要注意的是，自我介绍要与众不同，简洁明了，也要独出心裁，这样才能给他人留下深刻的印象。

　　暑假之后，小丽变成了一名初中生。在新学期报道的时候，小丽已经认识了语文老师和数学老师，唯独没有见过英语老师。开学第一天，马上就要上英语课了，同学们很好奇，不知道英语老师是什么样子的人。就在同学们的期盼之中，英语老师大步流星走上讲台。看着眼前这个满脸络腮胡的老师，同学们窃窃私语，这个时候，英语老师以洪亮的声音说道："同学们好，我是你们的英语老师张琦。张琦，就是长得奇怪的意思，你们看，我的胡子都长到脸上来了。"老师的话音刚落，同学们就哈哈大笑起来。

　　就这样，全班四十五名同学无一例外，都记住了张琦老师，不仅是因为老师长得奇怪，更因为老师独特的开场白。

　　在这个事例中，老师巧妙地把名字的谐音与自己的长相联系到了一起，从而达到幽默的效果，也让同学们对他印象深刻，第一时间就记住了他这个人和他的名字。以声音来吸引他人的注意，以独特的开场白让他人记住自己，张琦老师无疑是非常成功的。

　　要想达到先声夺人的效果，还可以从身边的小事情说起，例如，针对不同的沟通对象，可以说一些能够引起大家共鸣的事情，往往效果更好。如果身边没有什么事情可以说，还可以从典故着手，从而吸引他人的关注。如果发言是顺次进行的，还可以以"顺手牵羊"的方式，从他人的发言中汲取对自己有利的营养成分，为自己所用。例如，"前面的×××说了，我们是精英团队，既然这样，我认为……"这样转承自然，当然会让沟通水到渠成，事半功倍。但是，"顺手牵羊"也要有自己的东西，这样一来，才能起到总结的作用，也能表现出我们的真诚。

　　沟通艺术：并非所有的场合都千篇一律地需要幽默，而且根据场合不同，所需要的幽默也是不同的。在当众讲话之前发挥幽默的能力，吸引听众的注意力，这无疑是个好主意，但是也需要注意避免喧宾夺主，不要把前期的铺垫工作做得太过度，否则就无法达到预期的效果。当听众的注意力还停留在一开始的暖场阶段，谁还会认真倾听接下来的演讲呢？

●●了解听众，让演讲事半功倍●●

每当遇到说的话被他人误解或者他人对自己所说的话无动于衷的情况，有人会以"对牛弹琴"来形容自己为了沟通做出的无效努力。实际上，这并非是因为听众不合格，而是因为说话者根本不了解说话对象，在沟通的时候产生障碍，导致沟通无法顺利进行下去。

别说是在以一对多的演讲中，就算是在一对一的沟通中，如果事先不了解沟通的对象，也会产生误解。为了有助于听众听懂我们所演讲的内容，为了与听众之间进行更好的沟通和互动，一定要在演讲前深入了解听众，从而才能让演讲顺利进行下去。很多人误以为演讲者是演讲的主体，是至关重要的，实际上在一场成功的演讲中，听众也是演讲不可或缺的重要组成部分。所谓演讲，绝不是大多数人所理解的那样，是演讲者对听众的语言灌输。从本质上而言，演讲是一场双向的交流活动，需要演讲者与听众之间保持互动和信息交流。从信息传播的角度而言，演讲者是传播信息的人，听众是接收信息的人。如果只有输出没有输入，演讲根本无法顺利进行。相反，只有听众而没有演讲者，也就根本不是演讲。因此，演讲者在为演讲做准备的时候，除了要准备好演讲稿之外，更要针对听众做好准备工作——了解听众，这样既有助于听众接受演讲内容，也有助于与听众之间展开积极的互动，推动演讲顺利进行。

了解听众，要全面进行，虽然听众在演讲之中是接受者的角色，但是听众并不是被动的接收器，而是一个积极主动、具有主观能动性的人。演讲者不但要了解听众的心理及其对于演讲的期望，还要了解听众对于演讲中所表达的观点能够接受的程度。所谓知己知彼，百战不殆，唯有如此，演讲者才能有的放矢地做好演讲，也让演讲达到预期的效果。演讲者一定要记住，听众是演讲过程中不可或缺的重要组成部分，唯有把针对听众的准备工作做好，才有可能让演讲获得成功。

当然，如果听众是固定的群体，例如，领导每周一开例会的时候对下属讲话，听众是固定的，领导非常了解下属，所以针对作为听众的下属展开的了解工作，就没有那么大的难度。反之，如果听众是完全陌生的，演讲者就要更加深入地了解听众，最好能够在演讲正式开始之前与某些听众进行沟通，才有助于演讲的展开。为了加深与听众的了解与沟通，演讲者还可以在演讲之前，从听众中走出来，与沿途的一部分听众握手互动，这样对于调动听众的热情，让听众更加关注演讲者，是很有好处的。

参加过演讲的朋友都知道，如果面对熟悉的人讲话，往往没有那么紧张，演讲也可以顺利展开。但是如果面对全然陌生的听众讲话，则会感到非常紧张，也会因为不知道听众接下来将会怎样反馈而觉得丈二和尚摸不着头脑，心中无底气。所以当演讲者的综合素质不够高时，可以先在熟悉的人面前进行实际演练，然后在陌生的场合中正式展开演讲。也可以从陌生的听众入手，与一部分听众成为朋友，这样可以有效缓解紧张的情绪。

作为哈佛大学法学院的一位老师，杰夫在领导和沟通方面表现出独特的天赋。杰夫始终认为，要想让演讲获得成功，就一定要能够秩序井然地表述自己的观点。如果演讲者只知道一味地向听众生硬地灌输某种思想，则听众就会兴致索然和感到疲惫，如此一来，演讲也就无法达到预期的效果。杰夫认为，作为演讲者，一定要关注听众对他的演讲将会做何反应，从而及时地做出调整。

很多演讲者会进入一个误区，即迫不及待地想让听众认可和接纳他们的观点，但从来不在乎更不关注听众在听演讲的过程中产生了怎样的困惑。这是因为演讲者时时处处都以自我为中心。这样一来，演讲者无法有效地与听众建立联系。杰夫认为，演讲者能否与听众之间建立联系，是演讲是否能够获得成功的关键。

的确如此，太多的演讲者站在聚光灯照射着的舞台上，对自己失去了正确的判断和评价，误以为自己就是整个宇宙的中心，误以为整个宇宙都会在他们慷慨陈词的呐喊中震颤。现实情况并非如此，演讲者只是一场演讲中不可或缺的组成部分，与演讲者相对应的是听众。即使有了演讲者和听众，要想让演讲获得成功，还需要很多综合因素的协同作用。所以，作为演讲者一定要摆正自己的位置，在演讲过程中发挥相应的作用，为促使演讲成功做出最大的贡献。

作为演讲者，往往更加关注演讲的内容，很容易忽略演讲的环境。实际上，在诸多决定演讲是否能获得成功的因素中，环境比内容更加重要。每一位演讲者都希望听众认真倾听他们的观点，被他们的情绪所感染，从而发生改变，但是内容本身并不具备这样的感染力，更重要的是用环境去感染听众，让听众沉浸在演讲的环境中，最终接受演讲者的观点。所谓天时地利人和，作为演讲者，一定要更加积极主动地协调好各个因素之间的关系，为演讲的成功做出最大的努力。

沟通艺术：了解听众，知道听众想听什么内容，听众对于演讲有怎样的期望，了解听众的情绪，演讲者才能为自己的演讲营造良好的环境，从而推动演讲顺利进行。必须知道的是，演讲从来不是只靠演讲者的努力就能做到最好，必须多方面努力和配合，才能成就一场成功的演讲。

●●即兴演讲，需要有底蕴●●

这个世界处于瞬息万变之中，每个人只有做到与时俱进，才能应付得了这个时刻变化着的世界。在生活和工作之中，很多人需要即兴演讲，要想成功地进行演讲，一定要在平日做好准备工作，让自己拥有丰富的文化底蕴，从而才能在演讲时有出色的、精彩的表现。

人是这个世界上最复杂的生物，每个人不知道自己的人生将会在下一秒面对怎样的变化，因此人人都要做好准备，与时俱进，随机应变，最大限度地发挥自身的力量，让自己在持续的尝试和历练之中不断地成长和强大起来。

一场有备而来的演讲都有很大的难度，可想而知，如果演讲是即兴发挥，让人根本无法在事前进行准备，难度则一定会成倍增长。当然，越是在这样的危急时刻，我们必须打起十二分的精神，急中生智最大限度发挥应变能力，才能调动平日里积累的演讲素养，来一场应急赛。

不得不说，那些真正具备应急演讲能力的人，是真正的卓越者，他们能够做到信手拈来、妙语连珠，做到出口成章，这实属不易。然而，这样的能力也并非是与生俱来的，而是在一次又一次的锻炼中渐渐形成的。所以要想拥有即兴演讲的能力，每个人要最大限度地锻炼自己，提升自己，从而让自己拥有更好的心理素质，积累更多的演讲素材。

作为一家图书出版商，小马平日里说话的时候就磕磕巴巴，时常出现思维不连贯的情况，也因为语言能力的限制，小马无法把心里想的都顺畅地表达出来。有一次，小马应邀参加一场图书研讨会，在会议开始之前，小马遇到一个熟人，没想到这个熟人就是会议的主持人。为了照顾小马，熟人特意把小马安排在靠近主席台的位置。会议进行过程中，为了活跃气氛，主持人猝不及防地说："在座的人中，有很多人是佼佼者，例如，马先生就已经从业十余年，而且对于图书出版颇有心得。接下来，有请马先生为我们谈谈他的心得体会，给我们传授真经。"

一开始，小马还不知道主持人说的是自己呢，当意识到主持人是在点名让自己发言的时候，小马不由得紧张起来，身体都哆嗦了。但是他又不好当众拒绝主持人，只好站起来磕磕巴巴地说："我……我……我其实……也没有多少经验……我想说的……和主持人一样……"在小马紧张的、语无伦次的表达中，在场的人爆发出阵阵笑声，小马羞愧得满脸通红，也感到很丢面子。自从有了这次教训之后，小马再也不认为自己的工作无须和人过多交流，更不认为自己不需要当众说话，他意识到自己常常有机会要当众发言。因此，他当即下定决心，一定要努力提升语言表达能力，抓住各种机会当众发言，从而提升心理素质。经过一段时间的练习之后，小马也摸索出了当众发言的技巧，即兴演讲能力越来越强，再也不怕被人临时点将了。

现实生活和工作中，很多人都有过和小马类似的经历，就是在猝不及防的情况下被邀请上台发言。不可否认，即兴演讲的能力对于人的语言表达能力要求很高，要求即兴演讲者不但要有高超的反应能力，而且还要有从容的心理素质。否则，如果即兴演讲者和小马一样在发言时紧张得连话都说不出来，还如何能够成功地展示自己呢？

中国的传统教育中一直忽视了对孩子当众发言能力的培养，使得很多孩子在小时候没有这方面的意识，只有在进入大学时，才有机会在社团活动中当众发言。所谓书到用时方恨少，如果此时再要求孩子快速提升当众讲话的能力，显然有些强人所难。作为教育者，或者作为父母，一定要有意识地培养孩子当众讲话的能力。现代社会重视综合能力，如果一个人只知道一门心思做学问，从来不关注自己其他方面能力的发展，往往会导致发展不均衡。

具体而言，要想提升即兴发言的能力，就要做到以下三点：第一，要有勇气，能够克服内心的胆怯，绝不紧张和慌乱。只有在准备充分的情况下，才能更加从容，底气十足。有时，进行积极的心理暗示，也有助于人们在当众即兴发言时有良好的表现。第二，在做好充分准备之后，还要掌握当众即兴发言的技巧。不管是说话还是写文章，都要求重点突出，中心明确。因此，作为演讲者，一定要为自己的演讲确定中心思想，从而才能集中所有的火力攻克难关。既然是临场发挥，就不要试图过多地掩饰，要开诚布公，说出自己最真实的想法。所谓真实就是力量，在仓促的情况下，掩饰很容易出问题，唯有开诚布公，坦诚自己的观点和意见，才能直抒胸臆，畅快淋漓。第三，也是最重要的一点，即兴演讲没有准备时间，因而演讲一定要本着短小精悍的原则，争取用最少的语言表达出最坚定不移的思想和观点，也用最少的语言给予听众最强大的力量。演讲一旦拖沓冗长，就会因为缺少准备和组织出现混乱的状况。所以真正成功的即兴演讲，是字句铿锵、掷地有声的。总而言之，即兴演讲难度很大，每个人要最大限度地激发自身的潜能，这样才能在即兴演讲的过程中有更好的发挥和表现。

沟通艺术：所谓强扭的瓜不甜，即兴演讲从某种意义上而言就是强扭的瓜，尤其是在演讲者并没有强烈想要演讲的欲望的情况下，被逼着进行即兴演讲，这种滋味真的不好受。作为演讲者，与其被动地接受演讲，不如提升自己的表现欲望，积极主动地进行演讲，这样才能卓有成效地发挥自身的力量，使演讲取得巨大的成功。

●●有的时候，你要与人辩论●●

生活中，人与人不可能每时每刻都保持契合，在遇到意见相左的情况时，也许需要谦让，但是一旦遇到原则性问题，就需要坚持自己的观点，与人辩论。那么，当众辩论有哪些需要注意的事项，又有哪些技巧可以为当众辩论加分呢？了解这些相关的问题，才能卓有成效地提升辩论的能力，在辩论中取得胜利。

人人都知道，要想在辩论赛中获得胜利，就必须以深厚的知识积累作为基础，然而，这还只是向着成功迈出了第一步，要想在辩论赛中出类拔萃，取得好的成绩，还必须掌握辩论的技巧。也许有朋友会说，"我为人谦和，从来不当众与人辩论"，不得不说，这样的观念已经落伍了，因为不管是在工作中还是在生活中，每个人都会有机会与他人展开辩论，甚至还需要当众辩论，这可不是自己能够决定的。

要应对辩论，就要做好准备，要知道辩论从来不是容易的事情，除了要有知识基础，更要具备随机应变的能力，这样才能最大限度地激发自身的潜能，把每件事情都做到最好。当然，一味地蛮干也是不行的，唯有掌握技巧，学会四两拨千斤，才能从容应对辩论。

首先，要想在突如其来的当众辩论中脱颖而出，最重要的是保持镇定自若，如果在辩论的时候慌乱起来，自乱阵脚，导致现场很尴尬，也使自己陷入难堪的境地。只有镇定，才能发挥自身能力，在辩论中占据优势，获得胜利。

其次，要掌握辩论技巧，从容发挥。辩论的技巧有很多，例如，在武侠小说中有借力打力的说法，就是以四两拨千斤，或者以无形的招术战胜对方。还可以移花接木，也就是击中对方的软肋，或者掌握对方表达中有漏洞的地方，从而反击对方。此外，还可以顺水推舟，即顺着对方的逻辑思维去表达，但是却得出相反的结果——有利于己方的结果。在辩论中，最卓有成效的方法是釜底抽薪，这个方法可以让对方措手不及，从而获得辩论的胜利。除此之外，诸如引蛇出洞、自相矛盾等技巧，都能够在辩论中起到很好的作用。总之，辩论的技巧和方式有很多，唯有最大限度地提升辩论的能力，掌握辩论的技巧，才能在当众辩论中有出色的表现，给他人留下深刻的印象。

最后，辩论要本着"友谊第一，辩论第二"的态度去进行。其实，现实生活中原则性问题很少，只要不涉及原则性问题，我们根本没有必要揪着对方的小辫子不放手。记住，唯有宽以待人，我们才能得到他人的宽容相待，这是亘古不变的道理。

很多朋友都听说过《愚公移山》的故事，也有很多朋友针对《愚公移山》引发的思考进行了激烈的辩论，例如，有的朋友认为愚公移山根本不可能实现，所以愚公应该先搬家；还有的朋友认为愚公移山是可行的，那么愚公到底是应该先搬家，还是先移山呢？

正方辩友："愚公移山才是彻底解决问题的办法，是正确的举措。"

反方辩友："愚公当然应该搬家。从环保的角度来看，愚公移山会破坏生态环境，而且要耗费子子孙孙无穷尽的人力和物力。愚公当然应该搬家，这样既对环境有利，也可以保存自身实力，可谓一举两得。"

正方辩友："愚公当然可以搬家，能皆大欢喜谁不愿意呢？然而问题是，愚公的家在深山中，平时连出门都很困难，如何做到顺利搬家呢？所以愚公不是不愿意搬家，而是他没有办法搬家，必须等到移山之后有了出山的道路才能搬家。"

......

在这场辩论赛中，正方辩友非常聪明，他们采取顺水推舟的办法，先是认可反方辩友的观点，也认为愚公应该搬家，既保护生态环境，也能节省人力和财力。然而，在认可反方的观点之后，正方辩友马上又提出问题所在：愚公连门都出不了，从未离开过大山，如何搬家呢？所以要想搬家，必须先移走大山。这样一来，辩论的趋势就朝着有利于正方辩友的方向发展，最终得出正方辩友坚持的结论。

在辩论中，要想获胜，既要拥有知识储备，也要有辩论的技巧和超高的口才技能，否则就像茶壶里煮饺子——满肚子的话说不出来，是不利于辩论的。又或者不能把话说到点子上，对于辩论无益。此外，如果能在辩论之前就了解对方的观点，更有助于我们调动知识、组织语言，从而把辩论做到更好。当然，与人辩论有理说理，但不要歇斯底里，否则就会破坏辩论的氛围，导致辩论陷入极大的困境。

沟通艺术：友谊第一，辩论第二。对于每个人而言，辩论不是最终的目的，而是为了让对方接受我们的观点。如果在辩论的过程中与对方撕破脸皮，弄得彼此生疏，则常常会事与愿违。试问，对方已经与你彻底反目成仇，还要对方接受你的观点干什么呢？所以辩论一定不要本末倒置，而应该牢记初心。

●●给演讲加料，听众才能兴致勃勃●●

当众说话的时候，人人都希望能够吸引听众的关注，从而让演说起到更好的作用。殊不知，听众对于演讲的要求很高，也不是那么好糊弄的。因此作为演讲者，必须学会给演讲加料，让听众更入神地倾听，从而与演讲者积极地互动。

很多人说话时习惯平铺直叙，不善于使用各种修辞手法，也不擅长调动热情，让说话的腔调抑扬顿挫。殊不知，当发言就像老太婆的裹脚布一样又臭又长，听众哪里还愿意认真地倾听下去呢？不管是写文章，还是说话，都要避免平铺直叙，而是要以激情和热情吸引听众的关注。当然，除了语言的表达形式之外，内容也是很重要的。如果说话的内容原本就平淡无奇，就像瘦骨嶙峋的人一样，只有骨架子，却没有血肉，会使人感到索然无味。

很多喜欢做饭的朋友都知道，任何菜肴一淡就无滋味。不管是加盐还是加糖，都要有充足的味道，菜肴才能好吃。同样的道理，说话也要加调料，才能避免语言就像是寡淡无味的菜肴一样无法引起人们的食欲和兴致。简而言之，要想给演讲加调料，可以从几个方面入手，例如，让演讲充满趣味性，可以正话反说，给听众抖包袱；可以增强语言的煽动性，让语言极富感染力，从而牢牢吸引听众的注意力；为语言表达中注入感情，让语言感情充沛，这样一来，才能起到以情动人的目的；还可以"语不惊人死不休"，以豪言壮语或者看似夸大其词的话，吸引听众的关注……正如"不管是黑猫还是白猫，只要能抓住老鼠就是好猫"，不管采取怎样的方法，只要能吸引听众注意力的演讲方法就是好方法，就能起到卓有成效的作用。

有一次，一个老先生在宴会上即兴演讲，号召在场的男士们戒烟，为地球的清新空气贡献一分力量。然而，戒烟的问题已经是老生常谈，要想把这个问题说出新意，吸引听众的注意，显然不是一件容易的事情。为此，老先生在演讲一开始，并没有像大多数人那样先控诉吸烟给人的身体健康带来的巨大危害，而是语不惊人地说："抽烟是有好处的，而且还好处多多，所以才有那么多人即使知道吸烟对健康的危害，也依然奋不顾身地抽烟。接下来，我们只挑选出抽烟最重要的三条好处，给大家进行重点阐述。"

听完这段话，原本对老先生的演讲不以为然的人，也都抬起头看着老先生，尽管他们都是老烟民，也根本没有毅力彻底戒掉香烟，但他们还是想知道抽烟到底有什么好处。老先生看到自己的关注度明显提升，这才慢条斯理地说："抽烟的人，一则不会被狗咬，二则家里不会有小偷光顾，三则可以永葆青春。"听完这句话，人们更惊讶了，就连在场的女士都瞪大眼睛看着老先生，不知道老先生的葫芦里卖的是什么药。老先生娓娓道来："抽烟的人，全都肺部不好，因此都驼背，狗见到抽烟的人弯腰驼背的样子，还以为他们要捡起石头来砸自己，因而往往会逃之夭夭。抽烟的人都咳嗽，越是烟龄长的人，越是会没日没夜地咳嗽，因而就算到了夜深人静的时候，小偷听到咳嗽声，还以为家里有人没睡觉呢，根本不敢去偷东西。抽烟的人之中十有八九都能永葆青春，因为抽烟对健康的危害极大，所以他们年纪轻轻就离开人世，永远地活在亲人朋友的心中，永远都保持着离开时候的青春样貌，这不就是永葆青春么？"听完老先生的话，现场原本窃窃私语的人们全都陷入了沉默，有些男性马上就把口袋里的香烟拿出来揉皱了，扔到垃圾桶里，毕竟谁也不想以牺牲生命为代价来"永葆青春"。

　　老先生的演讲之所以能取得良好的效果，就是因为他给演讲下了一味重调料，从而让听到演讲的人无不陷入沉思，也倍感沉重。他们很清楚，抽烟就是要以性命相搏，就是在以牺牲健康甚至生命为代价来换取短暂的快乐。然而，在此之前从未有人把抽烟的危害如此入木三分地刻画出来，所以他们才会感受到心灵的震撼，也才会有人当机立断地戒掉香烟。

　　在这次当众演讲中，老先生把相声中抖包袱的技巧运用得恰到好处，先说了抽烟尽管有害处，但是也有很大的好处，让听众听起来马上产生了浓厚的兴趣，接着又列举了三大好处，更加吊足了听众的胃口。最后，才详细阐述了三大好处，从而深刻揭露了抽烟给人的身心健康带来的极大危害，使得听众意识到抽烟的"好处"，甚至当机立断决定戒烟。这样的效果，是一味地从正面说教所不能实现的。

　　当众演讲，往往要面对很多陌生人，要想成功地吸引听众的注意，让听众全神贯注地投入到演讲之中是很难做到的，这也就对演讲者提出了更高的要求。作为演讲者，除了要博学多才、知识渊博，在此基础上还要加大力度提升演讲的技巧，从而才能最大限度地吸引听众的注意，让听众给予演讲者极大的关注，与演讲者之间进行良好的互动。

　　沟通艺术：当众演讲，不仅能够展现一个人的口才，更能展现一个人的魅力和风采。毋庸置疑，每个人在当众演讲的时候，都希望自己能够以博学和高超的口才成为听众关注的焦点，更希望自己能够把每句话都说到听众的心里去。那么，演讲者在平日里就要注重提升当众演讲的技巧，积累足够的知识储备，所谓"养兵千日，用兵一时"，唯有如此，才可以避免"书到用时方恨少"的尴尬，也可以厚积薄发，证明自己的实力。

第十章　在职场，你不得不知的沟通奥秘

很多人都知道，必须努力工作，才能更好地生活。然而，在日复一日的忙碌中，人们常常忘记初心，渐渐地把工作当成是人生的重头戏，甚至为了打拼而忘记陪伴家人，忘记给予家人最好的照料。的确，没有钱在这个社会上是寸步难行的，但也不能为了金钱而忘却人生的最初目的。为了在职场上更轻松，提升职场效率，节省更多的时间去生活，我们必须掌握职场沟通的奥秘，这样才能在职场上有更好的发展，也让职业生涯的进步事半功倍。

●●在职场，要敢于发声●●

现在的职场上有很多应声虫，他们从来不敢表达自己的意见和看法，总是人云亦云，以为这样就可以明哲保身。殊不知，真正残酷的职场从来不需要应声虫，而需要敢于发声、敢于承担责任的职场强者。

如今，职场上的竞争很激烈，因为每年都有大量的大学毕业生涌入职场，僧多粥少的局面并没有让企业的招聘变得更容易，虽然大学生很多，但真正合适聘用的人才却很少。由此一来，职场就陷入了尴尬的困境，那就是用人单位招聘难，而大学生求职更难。很多大学生在历经千辛万苦找到合适的工作后，因为得来不易，害怕失去，所以他们总是战战兢兢，生怕自己在职场上有任何不好的表现，就会丢掉工作，再次陷入失业的困境。其实，这样的担忧是不无道理的，但是作为职员，也应该有自己的思想和主见，而不要因此就禁声，或者变成人云亦云的应声虫。要知道，每一家用人单位和每一个领导都希望自己拥有得力干将，而不希望自己的身后跟着一大堆应声虫，这样不管是个人还是企业都无法得到发展。

即使作为下属，当遇到与领导意见不统一的时候，也不要一味地顺从。当然，在表达不同意见的时候，要注意方式方法，从而避免领导因此而陷入尴尬之中。当以适宜的方式表达自己的意见和态度时，非但不会被领导否定和记恨，反而会得到领导的认可和赏识，这才是最重要的。大名鼎鼎的老戏骨李雪健曾经说过，一出好的戏，必须依靠声音去表现。对于每个人而言，人生又何尝不是一个大舞台，又何尝不是一出精彩的戏呢？因此，更要通过声音去表现，从而才能出彩、精彩。

然而，传统的教育方式对于当众表达的能力几乎是一种压制，很多孩子从小接受的教育就是要减少说话，尤其是当孩子随意表达的时候，父母还会压制他们，让他们不要聒噪。在这种情况下，孩子们当然会渐渐习惯少说话，更别说是当众表达了。这样的矜持教育，让很多人即使长大成人走入社会，也依然很羞涩于当众说话。尤其是在传统的家庭教育中，还有很多父母总是一味地压制孩子，搞父母的一言堂，而不允许孩子针对家庭事务或者自身成长发表任何意见和看法。在这种情况下，孩子必然感到非常困惑，从一开始的想说而不敢说，到后来再也没有表达的欲望。这也是为何很多孩子在学校里与老师、同学相处时乐观开朗，而在与父母相处时却沉默寡言的原因。作为父母，要想培养孩子当众表达的能力，就一定要给予孩子更加自由宽容的环境，这样孩子才能从小养成敢于表达的好习惯，在长大成人走入职场之后，更加勇敢地表达自身的想法和不同的意见、观点。

尤其是在团队工作的氛围中，更需要每一个团队成员都积极地参与，在进行讨论的时候不断地参与进去，这样才能发挥团队的力量，让一切都进展顺利。如果作为团队成员，却不能为团队做出贡献，那么就会失去继续在团队中生存的力量，会导致一切都进展艰难。

从小，丫丫就接受父母的教诲，要当一个安静的女孩。为此，原本活泼外向的丫丫变得很内敛，很少说话，给人留下了安静、文静的印象。父母对于这样的丫丫很满意，每当有人夸赞他们的女儿是个乖乖女时，他们的脸上简直笑开了花。丫丫也的确很进取，安静内敛的她把大多数的时间都用于学习，在高考中，她考上了心仪的名牌大学。毕业后，还如愿以偿地留在大学所在的城市工作。爸爸妈妈自豪极了，都说丫丫是他们的骄傲。

然而，工作之后，丫丫却陷入了苦恼之中，原来从不愿意主动表达的她，进入了公司的行政部门工作，工作的内容并非她所想的那样只需要闷头干活，而是需要和各个部门的人进行协调才行。这可怎么办呢？为了适应工作，丫丫开始逼着自己改变，尽管每次张口和同事说话之前，丫丫都憋得满脸通红，但她还是很努力地去表达。有一次，丫丫因为工作没做好被领导批评，其实丫丫心里觉得很委屈，因为领导在交代她工作的时候就没有说清楚。但是她不敢和领导辩解，只好忍气吞声。后来，再接受领导布置的任务时，丫丫就很小心地把任务听清楚。这不，丫丫才接到领导的任务，就意识到了任务有问题，如果按照领导的安排去做，做错了，又会是她的责任。如果不按照领导的安排去做，又会犯下不按照命令行事的错误，这样一来，丫丫就进入了进退两难的困境之中，根本无法做出决定。

经过认真、慎重的思考，丫丫不想再陷入上次的尴尬境地，因此主动向领导提出："领导，我认为您的安排可以略微调整下。您看看，如果这样安排，不但能够节省时间，而且也能节省人力、物力和财力。"说着，丫丫把自己的策划方案交给领导。领导看完之后，当即对丫丫表示认可："不错啊，丫丫，工作上有进步。其实，我就喜欢有主见的员工，这样可以集思广益，做出更好的方案，也有助于提升工作效率。"得到领导的认可之后，丫丫越来越有信心，因而在职场上的表现也越来越好。

在这个事例中，如果丫丫始终默默无闻，领导怎么安排她就怎么做，哪怕领导说的是错的，也绝不思考和改进，那么丫丫的职业前途堪忧。幸好丫丫意识到自己从小接受的教育并不正确，也能够做到积极主动调整自己的状态，逼着自己努力表达，最终才能成功地改变自身状态，让自己从闭口不言的状态转变为积极主动地发言，这样一来，她才有机会得到领导的赏识，也才能在职业生涯中有更好的发展。

生存在这个时代的每个人都处于不断地收集和整理信息以及向外界传递信息的过程中。尤其是在竞争激烈的职场，人人应该与他人更多地互动，从而才能与他人广泛交流，不断地提取对自己有用的信息，让自己的人生有更好的发展。很多人都怀着千里马的心态，相信自己是一匹千里马，也相信自己有朝一日一定会得到伯乐的赏识。殊不知，现代社会人才济济，千里马那么多，伯乐就算真的来到你的面前，你就一定能从诸多的千里马中脱颖而出吗？由此可见，最重要的不是被动地等着伯乐前来，而是要积极主动地展示自己，赢得伯乐的赏识，这样才能让自己有更多的机会，得到更好的展现。在职场上，必须成为敢于发声的人，坚定不移地展示自己，最大限度地激发内心的热情，全力以赴地去迎接生命的绽放。

有些情况下，职场新人对自己往往没底气，觉得自己作为新人，没有资格过多地表达意见和看法。其实，有这样的考量是正常的，也证明当事人情商很高，思虑周全。但是也不要过多地禁锢于年龄、性别、职位高低等外在的因素，要持续学习，淡定从容，在必要的时刻勇敢发声，这样才能成为出色、出彩的职场人。

沟通艺术：在职场，每个人都要学会勇敢、坚定地发声，这样才能尽情展示和释放自己。很多人都觉得言多必失，因此让自己禁言。殊不知，如果一个人从来不发声，如何能够为自己争取到更多的表现机会呢？做人固然要谨慎思考，但也要努力释放自己，避免如履薄冰，更不要把自己变成契诃夫笔下的套中人。

●●虚心求教，才是职场新人该有的姿态●●

很多职场新人在初入职场的时候如履薄冰，不敢轻易提问题，更不敢大胆表达，因此错过了很多机会。他们之所以束手束脚，是因为他们担心自己过分张扬会招致老员工的嫌恶，殊不知这是多虑。作为新人，与老员工拉近关系的最好方式就是请教老员工，要抱着虚心求教的姿态，尽快适应职场，融入职场。

很多在职场上打拼的人会发现，人与人之间的关系非常奇怪，虽然是同事关系，但是彼此之间却不那么亲近，尤其是在涉及利益冲突的时候，同事之间马上就能从每天嘻嘻哈哈的伙伴变成针锋相对的仇人，不得不说，这样的转变使人咋舌，也让更多的人意识到同事关系是不同于同学和朋友，更不同于亲人和爱人的关系。的确，从人际关系的本质上而言，同事关系就是非常微妙也很特殊的一种关系。也有很多职场人士会因此对同事关系心有余悸，甚至在面对同事的时候采取明哲保身的态度，绝不轻易参与同事关系，更不会与同事之间有更深入的交往。

在职场老同事的影响下，很多新人进入职场，会因为忌惮同事关系，刻意与老同事之间保持距离，更不会随意地参与到同事的活动之中，也为了避嫌，而远离各种小团体。如此一来，同事关系会变得非常疏远，而且也给人奇怪的感觉，不得不说，职场新人这么做无异于故步自封，不但无法让同事关系顺利发展，而且会导致彼此都陷入尴尬之中，甚至还会遭到同事的排挤。其实，对于职场新人而言，与同事相处有一种非常稳妥的方式，那就是积极地向老同事求教。众所周知，每个人都有好为人师的心理，如果一个人总是在与他人的相处中过分抬高自己，对他人居高临下，则会给他人留下恶劣的印象，也使得人际关系陷入困境，无法顺利发展下去。作为新人，最好能够摆正自己的位置，从而在与同事相处的过程中发挥主动性，积极地向同事求教。唯有如此，职场新人才能摆正姿态，以更好的方式与老同事相处。

李杜和张坤是大学同学，毕业后一起面试，双双进入同一家公司。接到面试通过的通知，还没有去公司报到，李杜就对张坤说："张坤，到了公司，我们一定要夹起尾巴做人，少说话，多做事情，这样才能给同事和上司留下好印象。千万不要口无遮拦，否则一句话说错，我们还没有意识到错误，他人就会对我们怀恨在心，这样一来，我们的职业前途也就彻底完了。"在李杜的提醒之下，张坤到了公司工作之后，果然和李杜一样谨言慎行，除非工作需要，很少开口说话。渐渐地，张坤觉察到异样，尤其是那些老同事，常常对他们表现出不屑一顾的神情。张坤决定改变思路，与同事们交好。然而，此时老同事对他们很冷漠，还有人说他们自以为是大学生就了不起。

张坤意识到，坚冰已经形成，要想消融很难，必须付出加倍的努力。为此，张坤劝说李杜和自己一样更加努力地与同事相处，李杜却不以为然。无奈，张坤只好自己努力。借助于工作的机会，张坤经常赔着笑脸向老同事请教问题，一开始，有些老同事还会阴阳怪气地对张坤说"你这样的大学生还要请求我们这些老迂腐吗"等奇奇怪怪的话，张坤假装听不懂，依然真诚地求教。渐渐地，老同事意识到张坤的请教是很真诚的，因而渐渐改变了对张坤的看法。张坤还常常借着感谢的名义请老同事吃饭，偶尔回老家的时候还会给老同事们带来土特产。就这样，老同事们越来越喜欢张坤。李杜却与老同事越来越疏远，最终在单位无法站住脚，只好选择辞职。

很多职场新人和李杜一样，还没进入职场就对老同事心怀芥蒂，所以怀着这样先入为主的态度，很难顺利融入职场，也无法与同事搞好关系。幸好张坤及时意识到问题所在，因而能够积极主动地改变策略，以虚心求教的姿态与老同事套近乎，从而拉近关系，最终发现老同事不是老虎，没有他们想象中那么可怕，反而很平易近人，也很好相处。

需要注意的是，在求人办事的时候，一定要怀着谦虚、真诚的态度。不仅职场新人要学会求教，即使作为职场老人，在工作的过程中也难免会遇到难题，在这种情况下一味地抱怨根本不能解决问题，经验丰富的职场老人会选择向同事求助，当然要采取适宜的态度和求教方式，才能得到更好的结果。

沟通艺术：不管是职场新人还是老人，要想在职场中不断成长，发展壮大，就要调整好心态，在遇到不懂的地方或者无法解决的难题时，虚心向他人求助，这样才能最大限度地发挥自身的力量，也巧妙地借力于他人，从而获得最好的结果。

●●汇报工作，说得多不如说得精●●

"不懂汇报工作，还怎么混职场？""工作做得好，不如汇报工作好。"类似这样的职场箴言频出，也告诉我们一个人要想在职场上有所发展，除了要有真才实学和超强的能力之外，更要学会汇报工作，让自己顺利走入领导的视野，也让自己在工作上的表现更加突出。

在现实的职场中，尽管很多人都知道汇报工作的重要性，但是因为自身的性格局限，他们之中不乏有人在一见到领导的时候就马上紧张得脑子一片空白，甚至根本无法正常地展示自己，发挥正常水平。不是说好了要在领导面前表现，争取得到晋升的吗？的确，说过的话还回响在耳畔，遗憾的是，此时此刻全然被抛到脑后，紧张的人只想着如何搪塞领导，躲过这一"劫难"。没错，在很多害怕见到领导、一见到领导就紧张的人心中，见到领导的确是一场"劫难"，所以他们才会恨不得钻到地洞里，躲过领导的"盘问"。尤其是当他们说起话来语无伦次、前言不搭后语的时候，领导也会听得一头雾水，根本找不到沟通的重点。不仅下属见到领导很被动，其实领导遇到这样无缘无故紧张不安的下属也很无奈。

向领导汇报工作，一定要讲究技巧性，不要总是东一榔头西一棒槌，把问题想到哪里就说到哪里，要知道领导每天日理万机，有很多事情需要操心，根本不像你一样只负责某个项目，所以在向领导汇报工作的时候首先一定要秩序井然，条理清晰，也要最大限度地简化语言，这样才能让领导听汇报的时候更加轻松省力。其次，在汇报工作的过程中，既要保持对领导的尊重，也要避免唯唯诺诺，把原本简单的事情都说得复杂了。所谓不卑不亢，就是作为下属与领导相处的最好方式，也能达到最好的效果。最后，汇报工作一定要瞅准时机，不要专挑领导忙碌的时候，更不要在领导心情不好的时候往枪口上撞。汇报工作看起来是下属的职责，只要按照正常的流程进行即可，实际上汇报工作很有技术性，也是需要掌握技巧才能达到最佳效果的。

这次出差回来，马玉一副心事重重的样子，在向经理汇报工作时，也迟迟不肯开口。经理见状很担心，也意识到结果有可能不尽如人意。为此，经理问马玉："情况特别糟糕吗？"马玉故作深沉地点了点头，他很清楚如果自己直接说出糟糕的情况，很有可能被经理责备。因此，他故意等着经理询问自己情况。果然，经理又问马玉："还有弥补的可能吗？"马玉这才点点头，开始滔滔不绝地说起来："据我推断，只要我们尽力补救，结果还不至于太坏。"接下来，马玉一直在说，经理不停地点头，在听完马玉说出补救的方案之后，经理当即对马玉表示认可："马玉，做得很好，这个项目的后续工作还是交给你负责，你能未雨绸缪，这是很好的，虽然有点损失，但是毕竟已经把损失控制到最低。好好干，前途不可限量。"

就这样，马玉原本是需要把糟糕的情况汇报给经理，却以郁郁寡欢的神色先预先让经理做好最坏的打算，这样当马玉说出不利的情况，并且趁机提出补救的方法之后，经理转忧为喜，非但没有批评马玉，反而还表扬马玉，说马玉前途不可限量。

毫无疑问，马玉很了解经理的脾气秉性，所以才没有在一开始的时候就把最糟糕的情况告诉经理。正是因为这样的欲语还休，所以马玉才能占据主动，才能把工作汇报得恰到好处，让原本要挨批评的自己转为受到表扬。不得不说，这就是汇报工作的智慧。

很多职场人之所以在汇报工作的时候遭到领导的批评，就是因为他们不懂得把话说到点子上，也不知道如何才能抓住重点。记住，领导日理万机，没有那么多时间听下属汇报工作，所以一定要一语中的，把话说得恰到好处，这样才能让汇报得到领导的赏识，也让自己的职业前景更加美好，发展更加顺利。

沟通艺术：犹抱琵琶半遮面的人，不适合向领导汇报工作，除非特别了解领导的脾气秉性，也确定自己的作为能够得到领导的认可，这样才可以针对领导采取特别的汇报举措。在不能充分了解领导的情况下，就要抓住重点进行汇报，也给予领导更详细、全面的反馈。

●●亡羊补牢，犹未晚矣●●

古人云，伴君如伴虎。在现代社会的职场中竞争异常激烈，要想在职场中与领导处好关系，就要讲究策略和技巧，这样才能与领导拉近关系，相处融洽。尤其是在不小心得罪领导时，很多人都会吓得逃之夭夭，或者以辞职来逃避，或者以顶撞作为鱼死网破之举，这都不是最好的选择。领导也是人，不是神仙，得罪了领导，就像要处理其他人际关系一样及时补救，亡羊补牢，犹未晚矣。

人在职场，除了要面对艰巨的、重要的工作任务之外，还有很多人为如何处理好与同事、上司之间的关系而烦恼。不得不说，人际关系已经成为现代社会的一大难题，如何处理好复杂的同事关系就更加成为重中之重。细心的朋友会发现，同事之间的关系非常微妙，既不同于朋友之间的真诚坦率，也不同于亲人之间的相互依存，更不同于爱人之间的心意相通。仅从形式上而言，同事们每天要一起相处，共同度过白天的工作时间，因而接触频繁，关系亲近。但是从内心来说，同事关系又很微妙，因为很多同事之间往往会涉及利益的竞争，在这种情况下，如果不能处理好利益纷争，看似亲近的同事之间很容易会陷入反目成仇的困境。因此，同事之间一定要把握好相处的度，这样才能最大限度地协调好关系，也让彼此愉快相处。

职场人士如果因为自己的失误与同事之间发生不愉快，彼此就会很尴尬。面对这样的情况，有些人选择逃避，即对自己的错误闭口不提，殊不知，错误并不会因为逃避就不存在，只有勇敢面对自己的过错，才能赢得他人的谅解。否则，对待工作采取掩耳盗铃的态度，自以为堵住了自己的耳朵，也就堵住了他人的耳朵，这种做法是非常可笑的。从及时解决问题的角度来说，问题拖延的时间越长，带来的损失也就越大，因而一旦意识到自己犯了错误，最明智的做法就是正面面对，当即承认错误，反思自己，或者在有必要的情况下向他人求教。唯有如此，才能及时挽回错误，避免导致更大的损失。

很多朋友都知道亡羊补牢的故事，不管是在生活中还是在职场上，如果人们在犯错之后像鸵鸟一样把自己的头埋藏在沙砾中，这是无法解决问题的。因而我们要学会勇敢面对问题，要在出现损失之后及时止损，最大限度地把握住好时间，弥补错误。作为下属，当在职场上不小心得罪了关系到自己前途命运的上司时，不要过分恐慌和紧张，更不要让自己信心全无，失去面对的勇气。只要保持镇静，随机应变，总能想出办法来挽回损失，争取到上司的宽容和谅解。所谓人非圣贤，孰能无过。每个人唯有给予自己更好的成长，才能不断地成熟起来。

有一天中午，同事们吃完饭在办公室里闲谈，突然说起有关上司的话题。

他们的上司是一位中年女性，大龄剩女，都快四十岁了还没有找到男朋友。说到得意忘形的时候，小薇突然大声喊道："就这个白骨精有人愿意娶她才怪呢！你们看看她，整天板着脸，就像谁欠了她多少钱似的，别说是男人了，就连我这个女人只要每个周一到周五白天看她几个小时，都觉得受不了。不如，我们以后就叫她'煞星'吧。"小薇话音刚落，就看到同事们全都回到工位上一本正经地坐好。原来，女上司早就来到小薇身后，原本有同事想会意小薇，却被女上司的一个手势制止。尽管有同事以眼神意会小薇，小薇说得正高兴，因为过度自我陶醉而完全忽略了同事眼神的异样。小薇觉得很尴尬，不知道如何面对上司，赶紧坐下来低着头。上司一语不发地去了办公室，小薇吓得魂飞魄散，知道自己在这家公司的职业生涯就要宣告结束，又为自己即将失业感到发愁，简直如坐针毡。

　　这时，小薇发现电脑右下角的小企鹅开始闪烁，因而赶紧点开来看。原来是小薇在公司里的好同事娜娜正在提醒小薇："小薇，赶紧去和上司道歉，争取宽大处理。"小薇回复："我不敢啊！"娜娜说："这有什么不敢的。反正你不去道歉就是必死无疑，就算道歉，最坏的结果也就是被辞退，死马当作活马医吧。况且，你的确不该在背后这么说上司，从礼貌的角度而言，也是应该去道歉的。不吃亏，鼓起勇气，去吧！"小薇认真想了想，觉得娜娜说得很有道理，赶紧去楼下买了一束鲜花，捧着去了上司的办公室："张总，我对不起您。"张总笑着看着小薇："哦，你怎么了？"小薇说："我不该在背后说您坏话，这是不礼貌的，更不应该挖苦嘲笑您，我不懂事，您随便怎么批评我都行。"上司收起笑容，一本正经地对小薇说："就算我不亲耳听到你的这些话，顶多明天你的这些话也会传到我的耳朵里。既然我明日听到可以假装不知道，现在看在你认错态度良好的份上，也可以装作不知道。"小薇得到上司的宽容对待，受宠若惊，赶紧保证："张总，我保证以后管好自己的嘴巴，绝不得意忘形，口无遮拦。"张总挥挥手，小薇赶紧放下鲜花，去工位上认真工作了。

　　在这个事例中，尽管上司说自己可以装作什么都没听到，实际上，这也是小薇及时真诚道歉的作用。否则，上司就算嘴上不说，心中也会记恨小薇，说不定还会给小薇使绊子。小薇这样光明正大地道歉，很及时，也很真诚，有效地消除了上司心中的怒气，至少让上司意识到小薇是个坦荡的人，也许会更加宽容小薇。

在职场，很多人因为对上司感到不满，常常会在背后说上司的坏话。从本质上而言，这样背后说的坏话，或者贬损，对于上司并不会产生实质性的伤害。但是一旦被上司知道，还是会惹恼上司的。如果是明智的上司，知道谁人背后无人说，还有可能谅解下属一时气愤说出的话，但是如果上司本身就心胸狭隘，就会因此而记恨下属，在未来工作的过程中很有可能给下属设置障碍。作为下属，千万不要因为无意间得罪了上司就束手无策，人非圣贤，孰能无过，在犯错之后只有积极地道歉和弥补，才能最大限度地表现出自己的诚意，让事情朝着好的方向发展。

如果与上司产生冲突，导致气氛尴尬，作为下属还可以随机应变，转为恭维上司，或者以幽默的话调节气氛，从而让上司与下属之间的关系更加缓和。总而言之，不要让关系一直僵硬下去，否则吃亏的必然是下属。

沟通艺术：人际关系一定要用心维护，越是在关系复杂的职场中，每个人越是要打起十二分的精神调整心态，协调关系，才能让自己在职场中如鱼得水，游刃有余。不仅在与上司产生矛盾的时候要及时补救，在与同事发生不愉快的时候，同样要及时补救，这样才能维持良好的人际关系，与同事相处得更加和谐融洽。

●●给领导提出建议，要讲究技巧●●

人在职场，虽然要敢于发声，但也不是随便什么话都可以说。尤其是当需要给领导提出建议的时候，更要讲究技巧，既表达自己的意见和建议，也不至于伤害领导的尊严，真正维护好与领导之间的关系，让自己的职业生涯顺利发展。

作为下属，给领导提建议，是不是有种老虎头上动土的感觉呢？如果是自尊心特别强、领导尊严特别严重的人，一定无法容忍下属给自己提意见，因为这就相当于下属在否定和挑战他们的权威。实际上，现代社会不讲究迷信和盲从，就算作为领导，也只意味着在某些方面比下属强，而不意味着在各个方面都超出下属一大截。在这种情况下，作为领导者盲目地维护所谓的领导尊严，显然是不可取的。当然，作为下属，也要注意方式方法，选择最恰到好处的方式给领导提建议，不要伤害领导的尊严和颜面，这样才能达到预期的效果。

在这个世界上，每个人的脾气秉性都是各不相同的。有的人天生心胸开阔，有宰相肚里能撑船的肚量，而有的人则天生心思狭隘，哪怕面对别人的中肯意见，也不能接受。在这种情况下，作为下属，就必须揣摩领导的心思，熟悉领导的脾气秉性，这样才能把对领导的建议提得恰到好处。此外，还要注意把握提建议的时机。如果时机对，提建议就能事半功倍；如果时机不对，提建议非但会被拒绝，还会事与愿违，平白无故得罪领导，那就得不偿失了。

大学毕业后，小杜进入家乡的一所中学当老师，当起了孩子王。一开始，小杜很不甘心，觉得家乡非常闭塞，当一名中学老师没有出路。后来，全县都在普及电脑教育，因而给每所中小学都配备了电脑室。这样一来，小杜作为全校最时尚的年轻大学生，就有了用武之地。校长安排小杜负责管理电脑室，还让小杜兼职当电脑教师。

眼看着天气越来越热，孩子们在电脑教室上课时，电脑教室的温度上升很快。为此，小杜不止一次向校长提意见，说需要在电脑教室安装一台柜机空调。然而，校长根本不把小杜的话放在心里，反而对小杜说："电脑教室要空调做什么？电脑是机器，又不是人，哪会怕热呢？至于孩子们早就热习惯了，根本不怕热。"小杜反复解释高温会对电脑主机造成损伤，但校长根本听不进去。

没过多久，中心校组织各个学校的校长和电脑老师学习。在中心校，学习的人还集体参观了电脑教室。一走进电脑教室，小杜就感受到清凉的气息，他灵机一动，故意当着校长的面问中心校的电脑专家："李老师，你们的电脑教室有空调，电脑不怕热啊，为什么要装空调？"李老师当即说道："电脑怎么不怕热？电脑可比人怕热。电脑的 CPU 就相当于人的大脑，一旦过热，烧坏了，这台电脑就完了。电脑教室里这么多台电脑，是一台空调值钱，还是几十台电脑值钱呢？"小杜恍然大悟："这么说，我们的电脑真的快热坏了，我们的电脑教室连电风扇都没有，更别说是空调了。"说完，小杜还特意看了看校长，校长赶紧表态："装，装，回去就装。"就这样，小杜通过不断争取，抓住好时机，终于为电脑机房争取到了空调柜机，这样一来，再上电脑课的时候，电脑和孩子们都感到很凉快。

在这个事例中，小杜一开始给领导提建议没有得到采纳，这是因为领导不懂得电脑。后来，小杜抓住和校长一起去中心校学习的机会，故意当着校长的面问中心校的电脑专家为何要给空调机房安装空调。如此一来，小杜借助电脑专家的口，给校长普及了电脑怕热的知识。果然，校长当即表示回去就安装空调，彻底解决了电脑机房过热的问题。

给领导提意见，一定要委婉，如果领导没有采纳意见，千万不要一味地强迫领导，而是要采取恰当的方式，采取迂回曲折的方法劝说领导，从而才能让领导心悦诚服，主动采纳下属的建议。没有任何人愿意被强迫，领导也是如此。所谓作为下属，也要想办法对领导动之以情，晓之以理，让领导心甘情愿做出改变。唯有以这样的方式与领导进行沟通，才是卓有成效的沟通，也才是对工作有益的沟通。

沟通艺术：常言道，伴君如伴虎，对于下属而言，陪伴在领导身侧是需要在各个方面更加注意和留心，才能处理好与领导之间的关系。语言，是人与人之间沟通的桥梁，很多时候同样的意思用不同的方式表达出来，就会达到截然相反的效果。尤其是作为下属，在与领导沟通的时候更要谨慎，多多用心，仔细琢磨，才能达到预期的效果。

第十一章　记住，沟通
也是有原则的

　　人们常常用口无遮拦来形容说话不假思索、有什么就说什么的人。的确，语言是人际沟通的桥梁，但是有的时候语言也会化身为锋利的刀具，甚至会戳中人的心，导致人与人之间的关系戛然而止。这就是因为在沟通的时候没有掌握一定的原则，最终使得语言成为伤人的利器，也给人际关系的发展带来不可逆转的伤害。

●●掌握说话的最佳时机●●

同样一句话，以不同的方式说出来，会达到完全不同的效果；同样一句话，在不同的时机说出来，也会达到完全不同的效果。在沟通的过程中。要想让语言表达产生最好的效果，就要掌握说话的最佳时机，把话说得恰到好处，让表达事半功倍。

父亲是一家之主，每天父亲辛苦工作回到家里，母亲总是做好一桌子丰盛的饭菜等着父亲回家，看着饿得饥肠辘辘的父亲一通风卷残云，母亲的嘴角会扬起微笑，似乎这就是父亲对她最大的认可。在这个时候，孩子突然打断父亲吃饭，哭哭啼啼对父亲提出过分的请求，非但没有得到父亲的慷慨允诺，反而被父亲训斥，伤心地躲到一边去。母亲看到孩子哭得可怜，好心地提醒孩子："等到你爸爸吃饱肚子，你再说也不迟啊！"言语之间是母亲对于孩子恨铁不成钢的遗憾。

说话的时机很重要，甚至比说话的内容更重要。高情商的朋友会发现，很多人把原本会受到批评的话题说得恰到好处，反而得到了表扬。也有一些人把原本开心的话题在不合时宜的时刻说出来，最终却被批评和嫌弃。由此可见，唯有把握时机，才能把话说好，也才能让语言表达达到预期的效果。如何才能掌握说话的最佳时机呢？就要提升自己的情商，让自己能够审时度势，把话说到最好。

古人云，天时地利人和，告诉我们做每件事情的时候，要把握好时机，才能接近成功。孔子曾经说过，人很容易犯三个毛病：一是性格急躁，没有耐心听别人说话，这是缺乏涵养的表现；二是该说话的时候不说，显得城府很深的样子，这样的人没有朋友；三是说话的时候不讲究时机，总是自顾自地说个痛快，无形之中就会得罪他人。实际上，这三个毛病都与说话的时机密切相关，都是需要掌握时机才能解决的。

　　战国时期，安陵君深得楚王的器重和信任，他能在楚王面前说得上话。众所周知，伴君如伴虎，安陵君之所以陪伴在楚王身侧，却从未因为言多必失受过惩罚，这与他小心谨慎的性格是密不可分的。安陵君从来不会仗着楚王的宠爱，在说话的时候肆无忌惮，不讲究时机。

　　因为楚王的器重，安陵君在楚国的地位越来越高，但是他的亲密好友江乙感到非常担忧。江乙对安陵君说："自古以来，以钱财相交的人，一旦钱财散尽，交情也会散尽；以美色相交的人，一旦年老色衰，则交情也会不复存在。所以年轻时受宠的女子总是在年老色衰之后遭到遗弃，深受大王器重的大臣一旦失去权势，也就再无当日的地位。"安陵君何等聪明，当即明白江乙的深意。江乙建议安陵君找到合适的时机对楚王表明忠心，安陵君答应了，但是迟迟没有去做。江乙不明白，质问安陵君："如果你不愿意按照我说的去做，我以后还有必要对你说什么吗？"安陵君当即表态："你说得很对。我之所以还没有按照你说的去做，是因为没有等到合适的时机。"直到有一次，众臣与楚王一起去打猎，楚王神勇，射杀了一头野牛，感到非常高兴，有感而发："今天狩猎，有诸位爱卿陪伴，快哉。不知道将来有一天我千秋万岁之后，还有谁能陪伴在我的身侧，与我一起享受这样的快乐呢？"诸位大臣皆默默不语，安陵君趁机走到楚王面前，泪流满面地对楚王说："臣愿意和大王同生共死，追随大王。"听到安陵君的话，楚王感动不已，当即封赏安陵君。

　　在这个事例中，虽然安陵君采纳江乙的建议，要对楚王表示衷心，但是他并没有不分时机地就向楚王表忠心。他耐心地等待，直到楚王外出狩猎的动情时刻，才对楚王说出忠心耿耿的话来。安陵君把握住最佳时间，因而也让自己的表现达到了最好的效果——获得了楚王的赞赏和信任。

　　语言表达是人际沟通的桥梁，每个人在说话的时候，语言并非孤立地存在，而是要在具体的情境之中才能具有更加丰富的意义。因此我们在进行语言表达的时候，也要怀着积极的心态，借助合适的时机与他人沟通感情，增进联络。

沟通艺术：进行语言沟通的时候掌握合适的时机，看起来是一种天生的本能，实际上这种能力并非是与生俱来的。大多数高情商的人都是通过后天的努力，才拥有高情商，也是通过一次又一次的实际操练，才能更加细致入微地捕捉好时机，为自己与他人的成功沟通奠定良好的基础。

●●不要随意贬低他人●●

生活中，总有些人自我感觉良好。他们觉得自己是非常棒的，所以无形中就会瞧不起他人，甚至是贬低他人。殊不知，这样的行为在人际交往中特别糟糕，常常会引起他人的反感，也会导致人际关系破裂。

人生要想取得进步，最重要的是不骄傲自满，不故步自封。唯有常怀空杯心态，以谦虚的态度时刻自省，才能坚持进步。当然，这个世界上没有一蹴而就的成功，也没有天上掉馅饼的好事情，每个人唯有不断地坚持，在点点滴滴的进步之中突破和超越自己，才能最大限度地提升自己的力量，让自己成长和成熟。

细心的朋友会发现，很多人之所以总是退步与失败纠缠不休，就是因为他们缺乏宽容友善的心。他们总是要承受别人恶意的贬损，肆意放纵自己，导致他们失去自己，迷失在人生的海洋之中。做人，一定要端正心态，要知道真正的强者不需要通过贬低别人的方式来抬高自己。

因为工厂里大幅度裁员，有个男孩才进入工厂工作没多久就被裁了。这个男孩当初是顶替父亲才进入这家工厂的，他并没有太高的文凭，也没有一技之长。男孩特别喜欢蚵仔煎小吃，于是他灵机一动，决定去市场上摆摊卖蚵仔煎。一开始，男孩没有钱，连个普通的摊位都租不起，只能推着三轮车风里来雨里去地沿街叫卖。后来，男孩的生意越做越好，积攒了一些钱，就租下一个摊位。有了稳定的经营场所后，男孩的生意越来越好。之后，男孩居然开起了小饭店，又从小饭店做到了大饭店。最终，已经成为中年男人的他把生意做得风生水起，身家也越来越大。

有段时间，男人动起购置房产的心思，想把父母从破旧的老屋接出来，改善居住环境。男人看中了一个楼盘，也相中了楼盘顶层的一套复式豪宅。于是，他带着父母来看房，父亲对于豪宅的户型非常满意，母亲喜欢豪宅外面的空中花园，还盘算着要在花园里种植一些西红柿和小辣椒。既可以观赏，还可以食用，简直是一举两得。但是，在男人和售楼处的人已约定好签约时间后，却突然得知新楼盘附近有一片破旧、脏乱的小区和菜场，为此感到很生气，当即打电话训斥售楼人员："附近的环境这么差，你怎么不告诉我呢？我奋斗了大半辈子才积攒下钱要购置一套房产，差一点就被你们欺骗住进这样低层次的人群之中。这个楼盘我不考虑了，再给我推荐其他楼盘吧！"

听到儿子的电话，母亲感到不解，当即要求儿子带她一起去看看那一片小区和菜场。到了之后母亲带着儿子朝着深处走去，儿子突然觉得眼前的一切似曾相识。母亲似乎看出了儿子的疑惑，对儿子说："孩子，仔细看看这里，是不是很熟悉？难道你忘记了，你最初失去工作，就是从这里开始推着三轮车卖蚵仔煎，靠着街坊邻居们的照顾，才一步一步走到今天的吗？你说这里破旧，还侮辱这里的人都是低层次的人，你在贬低他们的同时，是不是也贬低了自己呢？"听了母亲的话，男人羞愧地低下了头。

一个真正强大、充满自信的人，不需要通过贬低别人的方式来抬高自己，否则就是在贬低自己，也会使自己陷入无尽的悲哀之中，无法自拔。现实生活中，有些人非常骄傲，他们的骄傲来自骨子里，这是不容置疑的。还有些人是在假装骄傲，其实他们的内心非常胆怯，不知道如何面对自己，因而才会以骄傲来掩饰自卑。对于后者而言，在骄傲的掩饰之下，他们也往往有着脆弱的自尊心，需要通过贬低别人的方式，来为自己找到自信，支撑起自己可怜的自信心。

朋友们，当发现自己总是无形中贬低别人的时候，一定要引起警惕，更要反思自己是否具备自信心，能否成功地战胜心底的自卑，从容地面对人生的坎坷。此外，从人际关系的角度来看，总是喜欢贬低他人的人，本身就是不受欢迎的。人都不是傻子，当你当着一个人的面贬低另一个人时，你眼前的这个人会担心你是否也曾经这样在背后贬低他呢，这是他们无法接受的。所以真正的明智者，从不在背后说人坏话，更不以贬低他人的方式来抬高自己。

沟通艺术：每个人都有自己的人生，一个人无论取得多么高的成就，也不论自我感觉多么良好，都不要贬低他人。因为贬低他人就是贬低自己，往往会让我们遭到他人的嫌恶，使我们成为不受欢迎的人。

●●滔滔不绝，未必是个褒义词●●

很多人说起话来就如同竹筒倒豆子一样，滔滔不绝。殊不知，这样的表达方式毫无好处，因为忽略了交谈对象的反应，陷入自说自话之中，无法根据对方的反馈及时做出调整，话虽然说得多，却没有说到点子上，更不可能提升沟通的效率，也不可能让表达事半功倍。

很多人误以为滔滔不绝是个贬义词，因而他们总是滔滔不绝，说起话来恨不得连喘息的片刻停顿都能省略掉。其实，这样的误解对于促进沟通没有任何好处，因为滔滔不绝的人之中只有极少数人口才好，而大多数人之所以滔滔不绝，这是因为他们不懂得沟通的艺术，也不知道要表达对沟通对象的尊重和认可。在这种情况下，他们当然会陷入困境，也会导致沟通朝着相反的方向发展，不但不利于促进与他人之间的了解和互动，还会使事情变得更糟糕，甚至使人与人之间产生误解。

通常情况下，说话滔滔不绝的人语速非常快，甚至他们说话的速度还会超过思维的速度，这样一来，他们说话也就会表现出不假思索的特点。由于语速过快，当意识到自己出言不逊的时候，往往已经把话说出去了，如同泼出去的水一样，根本无法挽回。对于心中有秘密的人而言，说话速度过快，还会泄露秘密，再想收回说出去的话，也不可能了。常言道，言多必失，祸从口出，其实就是告诫人们说话的时候减缓速度，也是要告诉人们非必要情况下不要滔滔不绝地说话。

有的时候，人们说话不能抓住重点，哪怕话说得再多，也不能说到点子上，这样一来，必然使自己变得非常被动。试想一下：费尽心思说了那么多，却没有一句话能够打动他人，这岂不是很尴尬吗？所以说话者还要调整好心态，最大限度地整理思绪，让说出去的每句话都条理清晰。

真正善于沟通的人，在说话的时候会保持适宜的语速，既不至于把话说得太快，让其他人听不清楚，也不至于把话说得太慢，让听者着急。而且，语速偏慢还有一个好处，就是给人以沉稳、踏实的好印象，从而赢得他人的信任。反之，说话太快，不假思索，只会使人在交往的过程中陷入被动局面，也使人说出去的话如同浮萍一样漂浮在他人的心中，无法得到他人的重视和慎重的对待。

在出差的动车上，龚娜觉得头都要炸掉了。她遇到了一位非常糟糕的同行乘客。这位乘客就坐在与龚娜相邻的座位上，从上车之后，就一直在与龚娜聊天。一开始，龚娜还给予这位乘客一定的回应，但是后来发现对方大有愈演愈烈、绝不停口的势头，为此，龚娜就不愿意搭理对方了。

然而，偏偏这位乘客还是个不识相的人，明明看到龚娜对他爱答不理的，却还继续与龚娜搭讪，还非要给龚娜看手相。最终，龚娜实在忍无可忍，因而对对方说："不好意思，我可以睡会儿觉吗？"就这样，龚娜才勉强得以在动车到站前休息了半个小时。

一个人坐长途车肯定很无聊，如果能遇到一位志同道合的同行者，彼此谈天说地，是很幸运的。但是大多数人都没有这样的好运气，或者遇到一位沉闷的同行乘客，或者遇到一位滔滔不绝的同行乘客，让旅程变成一场噩梦。就像事例中的龚娜一样，想要安静下来都做不到，因为有人一直在她耳边聒噪。由此可见说话一定要区分时间和场合，也要观察交谈者的反应，这样才能及时调整说话的思路，让自己说话更加有的放矢，说到他人的心里去。

从某种意义上来说，说话滔滔不绝的人，只是表面上看起来口才不错而已，一旦深究，他们未必擅长沟通，也未必能让沟通达到预期的效果。真正善于沟通的人，知道自己什么时候应该开口说什么话，也知道自己应该以怎样的语速去表达，更清楚自己应该在何时闭上嘴巴，一个字都不多说，不会使说话快得刹不住。

在语言表达的时候，一定要有正确的认识，即话并非越多越好，越流畅越好，而且所谓的流畅也不单指快速。与其把话说得快而复杂，不能让人听懂，不如把话说得简洁明了，以最适合沟通对象的表达方式进行表达，才能达到良好的沟通效果。

沟通艺术：话并非说得越快越好，当话比思维的运转速度还快，只会言不由衷，也会言多必失。为了把话说得恰到好处，我们必须谨慎地思考，理性地组织语言，也要根据沟通对象的不同，把话说得更恰当，这样才能达到最佳的表达效果。

●●说符合自己身份的话●●

常言道，看菜吃饭，量体裁衣，说话不仅要根据听话者的身份进行调整，也要根据说话者的身份说出恰如其分的话来。虽然人格上人人平等，但不可否认的是，每个人的身份地位都是不同的。所以看菜的目的不仅是为了吃饭，也是为了鉴赏菜品。我们既不要本末倒置，也不要舍本逐末，只有端正思想，端正态度，才能把沟通做到位，达到事半功倍的效果。

孩子并非从一出生就会说话，尽管语言能力是与生俱来的，但是却像一颗种子一样埋藏在人们的心里，需要不断地发掘，才可以让语言表达能力随着孩子的成长不断发展起来。很多父母误以为孩子学习表达是水到渠成的事情，实际上，孩子在学习语言的过程中，往往会给自己设定一个学习的目标，那就是学习在他们身边说话的人。例如，父母精心照顾新生儿，也陪伴新生儿成长，所以婴儿在发展语言能力的时候，往往会优先模仿父母。很多父母在照顾婴儿的时候，总是与婴儿说话，这看起来很搞笑，因为婴儿根本不会说话，实际上，这对婴儿的成长有着重要的意义和作用。虽然婴儿不懂得如何表达自己的思想，但是他们却能接收外界的信号，那就是父母对他们说出的声音。他们无意识地模仿父母，所以在五六个月前后，婴儿就会牙牙学语，说出一些父母听不懂的话来。这是他们在学习语言，通过最初步的模仿激发自己的语言能力，让自己不断地发声。正是通过坚持不懈的学习，婴儿的语言能力才越来越熟练，婴儿也才渐渐成长起来，能够熟练地用语言来表达自己的思想。

在掌握语言之后，语言就成为人与人之间沟通的桥梁。但是，每个人在社会生活中的身份地位和角色不同，要想扮演好自己的角色，就要说出符合自己身份的话。著名演员李雪健曾经说过，只有把话说好，才能把戏演好。人生也如戏，每个人只有把话说好，才能把人生演绎好。

这天晚上，朋友请小朱吃饭。小朱原本是想和朋友客套一下，吃点简单的饭菜，不想却喧宾夺主，闹了笑话。小朱对朋友说："大家辛苦了，上班也都挺忙的，好不容易到了晚上休息的时间，我看咱们就点一些能迅速做好的快手菜，速战速决，吃完饭各回各家休息吧!"听了小朱的话，朋友啼笑皆非："明明是我请客，你怎么还当家做主了呢! 况且，你这是有多么不情愿来吃这顿饭，还没开始就催促呢?"

听了朋友的话，小朱忍不住哈哈大笑起来，朋友嗔怪道："你还笑。这是因为咱们都是好朋友，我也理解你，所以知道你所说的话的意思。要是换作别人，人家请你吃饭本来是好事情，被你这一通话说下来，就变成了坏事，你可不是弄巧成拙，好心办坏事吗!"小朱觉得朋友批评得有道理，一边点头一边虚心承认错误："对，我们还是点大菜，边吃边聊吧!"说完这话，小朱自己都忍不住笑起来，和朋友笑作一团。

在这个事例中，朋友因为知道小朱的脾气秉性，也了解小朱说话的风格，所以才不会生气。正如朋友所说，假如换作其他不了解小朱的人，还不知道要出什么岔子呢！的确如此，每个人在社会生活的不同场景中，总会扮演不同的角色，所以不管是说话还是做事情，一定要说符合自己身份和角色的话，做符合自己身份和角色的事情，而不要肆无忌惮，心里没有数，使自己在为人处世中陷入被动。

在社会生活中，人的角色是很复杂的，例如，一个人在父母面前是孩子，在孩子面前是父母，在妻子面前是丈夫，在下属面前是上司，在上司面前又是下属，由此可见，各种角色不但复杂，而且还有些角色是截然相反、相互矛盾的。这就更加要求我们在社会生活中要与时俱进，随时转换角色，从而才能及时改变思路，做出符合自己身份的事情，说出符合自己身份的话。

沟通艺术：在与朋友、家人等关系亲近的人沟通时，我们可以随意自然。但是在社会中扮演特定角色时，我们就要认清楚自己的身份和角色，从而才能把话说得恰到好处。否则，当我们说出来的话不符合身份和角色，就会贻笑大方，也会使自己陷入沟通的困境。

●●量体裁衣，看人说话●●

除了要看菜吃饭，量体裁衣之外，还要看人说话。唯有根据不同的沟通对象调整说话的策略，组织适宜的语言，才能把话说得恰到好处。如果不区分沟通对象，说些不合时宜的话，则非但不能达到沟通的效果，还会导致人际关系破裂，人与人之间也变得生疏。

常言道，看菜吃饭，量体裁衣；也有人说，饭可以乱吃，话不可以乱说。这些话告诉我们，说话虽然是件简单的事情，但是把话说好却不简单。如果说上下嘴唇一碰就能说出一句话，那么要说出恰到好处的话，就必须更加用心，不但要提前组织好语言，还要看准说话的对象，这样才能把话说得适宜，也才能让沟通达到预期的效果。

　　不管是在生活中还是在工作中，每个人都无法做到独立存在，而要与形形色色的人打交道。面对这个纷繁复杂的世界，我们有可能遇到各种各样的人，一味地挑剔和苛责并不能解决问题，也无法让人际相处更愉快，只有学会与不同的人打交道，在了解不同的人的脾气秉性的基础上，才能更好地与人交流。所谓沟通，就是信息传递的过程，既有可能是单向的传递，也有可能是双向的传递，而我们面对的信息传递者，都是有血、有肉、有思想、有灵魂的人，这也注定了人际沟通的艰难程度，也告诉我们人际交往是非常复杂的。

　　常言道，物以类聚，人以群分。很多朋友会发现，在与陌生人进行互动的时候，有时感到话不投机半句多，而如果遇到志同道合、说起话来情投意合的人，往往会觉得时间飞逝，不知不觉间就已经到了分别的时候，这正是人际相处中截然相反的感受，也会对交往产生很大的影响。因而要想与他人处好关系，最重要的是先与他人谈得来。举个简单的例子，假如一个广东人和一个藏族人都以各自的语言表达自己，他们能产生共鸣吗？至少在短期内不能，因为他们无法建立信息传递的顺畅通道。

　　由此可见，根据不同的沟通对象，选择适宜的沟通方式，对于沟通是否顺畅和沟通的效果是否显著是至关重要的。那么，我们如何才能深入了解沟通对象，从而选择恰当的沟通方式呢？首先，要了解对方的身份地位，知道对方的大概性格，这样才能有的放矢，至少可以避免说出来的话会使对方勃然大怒。例如，对于一个身居高位的人，和对于一个初入职场的人，我们所要表达的内容和方式一定是不同的。其次，如果有可能，尽量了解对方的兴趣爱好。例如，对于一个青春期的男孩，聊那些歌星、明星，他们一定会很感兴趣，或者如果是喜爱运动的男孩，还可以和他们聊正在进行中的世界杯。那么对于女孩，最好聊漂亮的服饰，或者女孩很喜欢看书，还可以和女孩探讨文学作品，这都是不错的选择。再次，大概判断对方的年纪，从而根据对方的年纪说出符合他们年龄特点的话题。例如面对一个耄耋之年的老人和面对一个牙牙学语的孩子，不仅说话的内容和方式不同，说话的语气腔调也要不同。最后，还要根据对方的心理需求，投其所好。例如，作为房地产中介人员，面对一个要卖房的客户和一个要买房的客户，采取的沟通策略和技巧一定是不同的。即使这几个大的方面都把握住，在不同的时刻和阶段，沟通对象的心理状态也是截然不同的。为此，每一个说话者都要学会因人制宜，有的放矢，也要学会察言观色，洞察他人的外在表现和内心状态，从而才能与他人更好地相处，也与他人建立良好的人际关系。

最近，公司里要进行大规模的市场调研活动，因此像小刘这样初入公司不久的新员工也被分派出去负责不同的片区，进行市场调研。原本公司里的市场调研活动都是承包给专门负责调研的公司去做的，但是后来公司发现从调研公司购买回来的数据，往往不够具体详尽，这才要求公司全员出动，进行大规模市场调研。

小刘负责调研一个比较老的居民片区，他开始调查第一家的时候就遇到了困难。小刘敲门，开门的是一位八十多岁的老太太。小刘问老太太："奶奶，您的配偶还在世吗？"老太太一听到配偶两个字就愣住了，原本耳朵就不好的她，根本不知道配偶是什么意思。为此，她看着小刘，半天都没说话。小刘又重复了好几遍问题，老太太依然无动于衷。这时，和小刘一起的张姐意识到问题所在，大声问老太太："老人家，您的老头子还在世吗？"老太太终于听懂了，摇摇头说："不在了，走了十几年了！"这个问题总算圆满结束，小刘感谢张姐："张姐，幸亏你灵机一动，我都准备老奶奶再不回答，就放弃对她的调查呢！"张姐笑着说："接下来就有经验了，根据调查对象不同，我们的表述也要进行调整。这次公司下定决心搞这么大动静来调研，我们也要认真负责，不然数据不准确，影响调研结果，对于公司的决策也会起到很大的负面影响。"

的确，根据调研对象的不同，如果不及时调整问卷的提问表述方式，只怕经常会遇到阻碍，使得调查无法顺利进行下去。每个人都是社会的一员，在社会生活和工作中，都会遇到各种各样的沟通对象。必须认真观察沟通对象，提前了解沟通对象，才能在沟通过程中更加顺利。如果不能把话说得恰到好处，也无法让沟通对象听明白，还如何继续沟通呢？

此外，在沟通的过程中，还要多留心对方的身份地位和性格特征，否则一句话说不好就会导致沟通不愉快，也无法顺利进行下去。总而言之，沟通从来不是简单的事情，人们常说吵架的时候一个巴掌拍不响，其实在沟通的过程中，也是一个巴掌拍不响的。要想让沟通水到渠成，效果显著，沟通双方就必须多配合。作为沟通主导的一方，更要努力提升沟通的能力，掌握沟通的技巧，才能在沟通之中不断地成长起来，让自己成为真正的沟通高手。

沟通艺术：所谓沟通，就是交流融通。当在沟通时把每句话都说到对方的心里去，引起对方的共鸣，这样的沟通就是成功的。要想做到这一点，前提就是深入了解沟通对象，从而把每句话都说得悦耳动听，让沟通对象心服口服。

第十二章　沟通雷区，你知道吗？

沟通是有雷区的，不触碰雷区，沟通会很顺畅，一旦触碰雷区，沟通就会变得人仰马翻，甚至无法进行下去。为了保证沟通顺畅地进行下去，我们很有必要了解沟通雷区，从而卓有成效地避开雷区，保证沟通毫无阻碍，更加通畅。

●●你真的会"说话"吗？●●

看到这个标题，相信很多人都会觉得可笑——我从一岁就学会说话，怎么可能不会说话呢？但是，海口是不能夸的，你也许会发声，会说出语言，但是你未必真的会说话。因为说话不是简单地出声，也不是说出有意义的文字就叫说话，而是要能够跟随心意表达自己，这样才是卓有成效的说话。

现实生活中，很多人都不会说话，他们并不是哑巴，也并非不具备语言表达能力，甚至他们之中有很多人说起话来滔滔不绝。他们之所以不会说话，是因为他们不懂得语言表达的技巧，不能把话说好。细心的朋友会发现，现实生活中总有些人是我们不愿意相处的，因为他们一开口说话，就把人的心伤透了。实际上，不是因为他们故意要以语言伤人，而是因为他们不懂得如何运用语言恰到好处地表达自己的心意。正是因为如此，这个世界上才有那么多"刀子嘴、豆腐心"的人，才会有那么多陷入"说话难听、做事好看"的困惑中的人。

看到这里，相信很多朋友都会情不自禁地反问自己：我真的会说话吗？答案真的不会像你的第一反应所给出的那样，你也无法相信自己真的会说话。而当你发现自己说了这么多年的话，却并不会说话的时候，你心中的落寞可想而知。

沟通，是人与人之间的桥梁，只有适度地沟通，人与人才能心意相通。一个人如果想用语言说服他人，也需要发挥语言的力量，就要让自己掌握沟通的技巧，提升沟通的能力。否则，如果交流都成为难以解决的难题，还谈何与人愉快地相处呢？善于沟通的人，并非是说起话来如同黄河之水滔滔不绝的人，一个真正善于沟通的人，是能够认真倾听的人。因为当面对陌生的沟通对象时，唯有倾听，才能帮助我们更深入地了解他人，尽可能地走入他人的内心。从这个意义上来说，善于倾听的人会更善于沟通，也更善于表达自己。

要想与他人顺利展开沟通，还要避免过度的主观主义，也不要总是以自我为中心。很多人一旦开始说话，就总是不停地说"我"，不得不说，和这样的人进行沟通是一种痛苦，因为他们总是过分关注自我，而完全忽略他人的感受。显而易见，他们不是好的沟通对象。实际上，从本性的角度而言，人人都有沟通的欲望，也都喜欢倾诉自己，但是要想进行愉快的沟通，一定不要进入这样的沟通误区，更不要犯自以为是的主观主义错误。在沟通过程中，只有更多地照顾到对方的情绪，关注对方的心理状态，才能让沟通顺利进行，使沟通更加愉快。

慧芳是个不会说话的人，一旦说话，总是招人厌烦，也因此得罪了很多人。为此，慧芳也在努力地改正，但她还是常常做出错误的语言反应。

有一天，同事穿了一件墨绿色的裙子来上班，大家都围绕着同事夸赞，说"这件裙子真漂亮""这件裙子显得肤色白皙""这件裙子一定很贵啊，到底是从国外带回来的，做工就是精细"，同事笑得合不拢嘴，觉得很骄傲。慧芳看到同事之后，第一眼就觉得同事被这件裙子的颜色衬得面有菜色，因而张口就来："这件裙子虽然显白，但是显得人气色不好，看起来就像是大病初愈的样子。"慧芳话音刚落，同事的脸色就变了。其他同事也都瞠目结舌地看着慧芳，不知道如何为慧芳解围。后来很长一段时间，同事都不愿意搭理慧芳，哪怕接受了慧芳的道歉，也不愿意接近慧芳，大概是怕慧芳再说出什么不中听的话吧！

慧芳也很委屈，觉得自己说的是实情，提醒同事裙子尽管显白，但是却衬托得人的脸色很苍白，就像大病初愈。但是慧芳没有想到的是，同事已经把这件裙子从国外买回来了，也不可能再退回去，就算裙子有再大的缺点也得穿。但是被慧芳这么一说，同事就没有欲望穿这条裙子，慧芳让同事破了财，买了裙子却只能放在家里，同事怎能不懊恼？

假如慧芳能够和其他同事一样，附和着说这条裙子的优点，就不会招致同事的记恨。其实，在与人沟通的过程中，如果不涉及原则性问题，最好不要哪壶不开提哪壶，否则就会破坏沟通的氛围，导致原本热情的沟通，一下子变得冷若冰霜，如此一来，当然会给人带来很糟糕的沟通体验。现实生活中，你是否也有过这样不小心得罪人的说话表现呢？如果有，就要多反思，才能及时改进。

沟通艺术：话，人人都会说，但是真正会说话的人，却没有那么多。说话也许很简单，只是发声即可，但是要想运用语言恰到好处地表达自己的心意，则没有那么容易。会说话，不但要有高超的语言表达技能，还要拥有高情商，这样才能察言观色，把话说得恰到好处。

●●不要轻易指责他人●●

指责他人的话就像是一把尖刀，会插入他人的心里，即使消除误会，真心诚意地道歉了，留下的伤痕还会在，让人无法接受。每个人不要轻易指责他人，唯有以恕己之心恕人，才能让人际关系更加美好。

人非圣贤，孰能无过，很多人犯错误并不是故意为之，因而在无意之间犯了错误之后，他们也无法及时意识到自己的错误，往往需要他人为他们指出错误，或者通过积极的自我反思，才能卓有成效地改正错误。从这个角度而言，当发现别人犯错的时候，千万不要轻易地指责他人，这是因为指责他人并不能减少他人犯错，反而当指责的态度不好时，还会因此使他人产生逆反心理。明智的做法是情绪平和，向他人指出错误，然后也不要急于批评他人，而要等待他人主动反省，深刻认识错误。

大多数人在性格方面存在弱点，他们总是缺乏自信，也不能做到理性地、积极地思考，而总是非常武断，遇到事情怀着固执的想法，还常常对人充满猜疑。在这些弱点的影响下，人们即使认识到自己的错误，也不会积极地承认错误，因为还有面子需要维护，还有尊严需要顾忌。殊不知，拒绝认错的态度并不能让人更有尊严，当一个人意识到自己的错误之后，唯有主动地承认错误，勇敢地承担起属于自己的责任，才是真正的人生强者。

人人都会犯错误，既然如此，在指责他人的错误之前，我们更应该做的是认识自己的错误，从而才能怀着对自己的宽容，宽容地对待那些无心之中犯下错误的人。以恕己之心恕人，说的就是这个道理。在人际关系中，唯有真正地做到这一点，才能经营好人际关系，也让人际关系更加和谐融洽，有更好的发展。

小米和小麦是好朋友。最近，小米家里正在装修，小米还在网络上联系了一家个性窗帘定制的门店，为自己家里定制了一整套的个性窗帘。然而，等到账单寄来的时候，小米大吃一惊，因为她发现个性窗帘定制的价格实在太高了，导致她花了很多钱。但是看着样式新颖的窗帘，她只好自我安慰："窗帘好看就行，毕竟每天看着都很养眼呢！"

新房入住之后，一个周末，小麦来到小米家里做客。看到小米家的窗帘很独特，小麦忍不住夸赞起来。小米也借机向小麦寻求心理平衡："这个窗帘多花了两千多块钱呢，心疼死了，不过真的很好看，对不对？"询问小米定制窗帘的总价之后，小麦马上指责小米："小米，你可真是不懂得精打细算。就这个窗帘，要是让我去定制，至少能省出三千块钱。你说你这么大手大脚的，怎么能把日子过好呢？"小米原本多花了钱心情就不好，自然不甘忍受小麦的批评，因而当即反驳小麦："贵有贵的道理，一分钱一分货，你以为人家做窗帘的是傻子么？就算布料都一样，做工也不一样，就算做工都一样，款式还不一样呢！钱没有花冤枉的。"就这样，小米和小麦整个下午都在辩论关于窗帘的问题，最终不欢而散。

很多情况下，人们明知自己犯了错误，或者出现失误，也不愿意主动承认错误，这种情绪是很难消除的，导致人们总是忽略了事情本身，而更多地纠缠于这种情绪。因而当遭到指责的时候，这种情绪会更加明显，而且犯错误的人在情绪的驱使下，绝不愿意轻易承认错误。所以真正高明的沟通者，不管对方是否真的犯错，都不会一开口就指责对方，使对方陷入这种情绪中无法自拔。相反，他们会先认可对方的做法，平复对方的情绪，避免对方展开情绪的防御机制，拒不认错。认可，是能够让人恢复平静情绪的好办法，所以任何时候都不要轻易地把"你错了"三个字对一个人说出来。

做人固然要方正，但也要圆滑。有的时候，耿直不能解决的问题，如果能够调整思路，换一种方式说出来，就会取得良好的效果。朋友们，如果你一直习惯直接表达，不如尝试着改变，一定会让你感到惊喜。

沟通艺术：不要对任何人直截了当地说"你错了"，否则对方的反应一定会大大出乎你的预料。哪怕对方的错误显而易见、无法推脱，但该给对方怎样的理解和体谅，你也照常要给，唯有如此，你才会得到对方友善的对待。

●●女人诉苦，你听听就好●●

现实生活中，很多闺蜜之间总是亲密无间，甚至和男朋友一旦有了小小的不愉快，就会去向对方诉苦。为此，有些有义气的闺蜜就会去给对方伸张正义，维护对方的权利，但是一转眼之间，闺蜜和男朋友已经和好，只剩下闺蜜反目成"仇"，这就尴尬了。

闺蜜已经颠覆了传统的意义，不只是称女性的好朋友为闺蜜，还有男闺蜜之说呢！作为闺蜜，当看到一个女人在自己面前哭泣时，是无动于衷，还是打抱不平当着闺蜜的面狠狠地骂一顿伤害闺蜜的男人呢？容易冲动的人往往会做出失去理性的选择，而当你与女人打交道的次数多了，就会知道对于女人诉苦，最好的办法就是管住自己的嘴巴，不要胡乱说什么，而只需要默默地递给哭天抹泪的女人一包纸巾，听着她哭诉就好。记住，主意不能乱出，尤其是对女人更不要随便地就出主意，因为你根本承担不起女人冲动起来的后果，也不知道女人翻脸比翻书还快，也许前一刻还在对一个人恨得咬牙切齿，后一刻就已经对这个人满怀期望了。

记得有本书里说过，男人来自金星，女人来自火星，不管男人和女人分别来自怎样的星球，至少告诉我们男人和女人是截然不同的。通常情况下，男人无法理解女人的哭诉，因为男人认为，诉苦的目的只有一个，那就是寻求切实有效的解决方案。然而，在与女人深入接触后，当见识到女人的反复无常后，那些曾经为了给女人出主意而毫无保留的男人们，一定会非常懊悔，因为他们在经历过很多次的血泪教训后，女人诉苦根本不是为了寻求解决方案，而纯粹是一种情绪发泄。为此，出主意的男人们都错了，他们根本不知道如何应对诉苦的女人。

即使明白了这个道理，也依然有很多男人或者女人，在倾听女闺蜜的倾诉时，无法保持淡定。他们总是管不住自己的嘴巴，面对哭得鼻涕一把、眼泪一把的闺蜜，他们总是忍不住要出主意，要给闺蜜想出切实解决问题的方案。实际上，唯有关系非常亲近的闺蜜，才能肆无忌惮给闺蜜出主意，如果你觉得自己和闺蜜之间的关系还远远没有那么亲近，最好保持沉默。女人的情绪就像一阵风，这一阵子是这样的，过了这阵子就是那样的。所以当你义愤填膺地劝说诉苦的闺蜜做出过激的举动时，也许没过多久你就会听到对方对你充满否定的评价："你算是什么朋友，还劝我离婚，不知道宁拆一座庙，不毁一桩婚吗？"听到这样的话，你是否会感到哭笑不得呢？所以和闺蜜相处，快乐的时候可以肆无忌惮，遇到事情的时候，一定要更加理智慎重，尤其是在闺蜜情绪激动的时候，我们千万不能冲动，而要在贡献耳朵给闺蜜的同时，保持嘴巴的沉默。

最近，闺蜜小童在爱情上遭遇困惑，因为她怀疑男朋友皮特"脚踏两只船"。为此，小童找到林倩哭诉，林倩是个火爆脾气，一听到皮特居然敢欺骗自己的闺蜜，在倾听小童的哭诉后，当即就号召几个姐妹，在一家餐厅里狠狠地"殴打"了皮特。不想，小童得到消息赶到医院，当即把林倩狠狠地批评了一顿："谁让你去找他算账的啊，我还等着他回心转意呢！这下彻底没戏了，他都被你们打成这样，怎么可能还接受我呢？"就这样，小童和皮特正式分手，她和林倩的关系也越来越疏远。

好心办坏事，说的就是林倩。实际上，林倩不知道小童之所以向她倾诉，并不见得觉得她比自己高明多少，而只是觉得自己需要倾诉而已。因而即使是女闺蜜之间，也不要冲动地给出建议，更不要盲目地为他人做出决定。在闺蜜需要的时候，给闺蜜一个肩膀，让闺蜜可以依靠，或者收留闺蜜在自己家里度过最难熬的日子，这已经是最合格且优秀的闺蜜。

所谓清官难断家务事，对于闺蜜的事情，也许你只是看似明白，而实际上却很糊涂。所以当再次遇到有女人向你诉苦时，一定不要盲目地给她们出主意，而要面色凝重地倾听，让她们知道你已经了解她们的痛苦就好。提前为闺蜜准备好纸巾或者是干净的毛巾，让闺蜜的眼泪有地方可以寄托，这就足够。

沟通艺术：拿着鸡毛当令箭，说的就是那些没有自知之明，总是把闺蜜的哭诉当成是尚方宝剑且得到之后就马上自以为是、冲动行事的人。人贵有自知之明，这句话对于所有人都是适用的。有的时候，越是亲近的关系，越是需要我们用心经营和维护，闺蜜也属于亲近的关系之一。

●●不要以他人的隐私开玩笑●●

很多人都误以为所谓幽默，就是庸俗的玩笑，就是纯粹地把人逗得哈哈大笑。其实，幽默是智慧的最高表现形式之一，幽默适用于很多场合，但是开玩笑则显得随意庸俗，只适合在熟悉亲近的人之间有度地进行。但是不管关系如何亲密，都要记住开玩笑最重要的原则之一，是不要以他人的隐私开玩笑。

有人说，幽默是人际关系的润滑剂，当智慧达不到幽默的高度，适度地开玩笑，调剂一下人际关系，也是很有必要的。玩笑是人际沟通中不可或缺的调味品，除了能够让交谈的气氛更加和谐融洽之外，还可以有效地帮助人们放松紧张的心情，让人际沟通更加顺畅。适度的玩笑还能拉近人与人之间的距离，让原本疏远的人变得亲近起来，让原本关系亲密的人哈哈大笑，心中没有隔阂。然而，玩笑的作用固然很大，但是开玩笑也是有很多注意事项的。例如，开玩笑要讲究时间和场合，开玩笑要区分对象，尤其需要注意的是，不管是在日常生活中还是在职场上，都不要以他人的隐私开玩笑，否则就会深深地伤害他人。

开玩笑的能力并非与生俱来，通常只有那些语言表达能力很强、社会交往经验丰富的人才能恰到好处地开玩笑，也才能以玩笑促进沟通。如果不能掌握高超的沟通技巧，就不要随意地与他人开玩笑，尤其是对于那些没有把握、不确定是否足够尊重对方的玩笑，更要慎重地开，否则就会因为触犯他人的尊严，伤害他人的自尊，破坏人际关系。

四个月前，亲朋好友们才喝了赵强和紫薇的喜酒，现在就又收到了他们孩子的满月酒请帖。大家都为这两个年轻人高兴，毕竟结婚成家、生儿育女都是人生中的大事，所以他们又开始准备礼物和红包，准备喝满月酒。

满月酒当天，大家早早地就来了，每个人送的礼物都不一样，有的送的是孩子很快就能用到的小推车，有的是摇篮，还有的是玩具，也有孩子可爱的小衣服。宴会已经开始，赵强的好朋友李刚姗姗来迟，他人未到，声先至，居然送给孩子一只金笔。赵强赶紧表示感谢，紫薇也抱着孩子说："谢谢叔叔。"不想，李刚接下来说的话却让他们陷入尴尬之中，只听李刚逗弄着孩子说："你这个小家伙真是心急，其他小家伙都是在爸爸妈妈结婚一年后才来报到，你简直是个飞毛腿，爸爸妈妈才结婚三个月，你就迫不及待来报到了。"此言一出，全场哗然，新郎和新娘都很尴尬。原本，大家对于赵强和紫薇奉子成婚都心照不宣，李刚当着这么隆重的场合以这件事情开玩笑，看起来不是开玩笑，而像是专门来砸场子的。为此，赵强和紫薇很生气，尽管没有当面和李刚闹掰，但是后来再有任何事情的时候，他们都不愿意邀请李刚。后来李刚结婚，还特意邀请赵强，但是赵强拒绝出席李刚的婚礼，只是托人给李刚带去了贺礼。

不管是在私下的场合，还是在公开的场合，都不要以他人的隐私开玩笑。事例中，赵强和李刚原本是好朋友，就因为李刚在孩子的满月酒上调侃赵强和紫薇奉子成婚，丢了赵强和紫薇的面子，所以赵强和李刚的友谊也就此宣告结束。其实，赵强和紫薇生气是情有可原的，毕竟人生之中，孩子满月酒也是一件大事，而且亲朋好友都在场，李刚当众指出他们奉子成婚，还带着调侃的意味，他们当然会觉得很尴尬。李刚千不该万不该拿赵强和紫薇的隐私开玩笑，为此伤害了友谊，失去了朋友。

每个人都有自己的隐私，也都不希望自己的隐私被拿出来在众人面前展示。对于他人的隐私，我们一定要怀着尊重的态度，在任何情况下，都不要对他人的隐私指手画脚，更不要在公开场合揭露他人的隐私，否则就会招致他人的怨恨，也会破坏与他人之间已经建立的良好关系，可谓得不偿失，两败俱伤。

沟通艺术：任何人当隐私被当众曝光的时候，都会感到非常恼火，甚至怒火中烧。因而真正善于沟通也懂得尊重他人的人，在与他人沟通的时候，都会把握沟通的度，而不会口无遮拦，把什么话都说出来。退一步而言，即使真的需要提及他人的隐私，明智者也会坚持"点到为止"的艺术，从而把话说得非常隐晦，兼顾双方的颜面。所谓打人不打脸，骂人不揭短，而曝光他人的隐私是比打人、骂人更恶劣的行为，是人际交往的大忌，一定要慎重对待。

●●打人不打脸，骂人不揭短●●

传说中，龙有逆鳞，不要触碰龙的逆鳞，否则就会使龙很愤怒。其实，人也有逆鳞，也就是所谓的弱点和软肋。在与他人沟通的过程中，不要随意触碰对方的痛处，否则会使人际关系破裂，交往无法顺利地进行下去。

不管在什么情况下，在与人相处的过程中，我们都不要轻易触碰对方的痛处，否则很容易导致人际关系破裂，也使原本良好的人际关系无法顺利地进行下去。然而，很多人容易情绪冲动，他们常常因为一时气愤而变得歇斯底里，无法从容地控制自己。有心理学家说，愤怒会使人失去理智、智商降低，就是这个道理。

实际上，真正有修养的人，即使在非常愤怒的情况下，也不会让自己的情绪肆意蔓延。只有那些缺乏修养的人，在被激怒之后，才会马上变得歇斯底里，恨不得以各种极端的方式来发泄自己的怒气。当一个人被情绪奴役和驱使，他非但无法把事情处理得更好，反而会导致自己陷入被动的局面中无法自拔，因为糟糕的情绪只会使一切更加恶化，而对于解决问题根本于事无补。然而，我们要意识到一点，那就是愤怒并不只是以表现出来的为准。举例而言，如果我们触怒的人恰好有着好的修养，他们在我们的触犯之下，从未表现出过激的举动，但是这并不意味着他们心里没有生气。和那些如同鞭炮一样点火就炸的人总是把愤怒发泄出来不同，他们会把愤怒深埋在心底。所以人们常说的宁可得罪君子不要得罪小人，放在这里并不完全适用。当君子把愤怒深埋于心底，成为人际交往中的一颗不定时炸弹，就会给人带来很多的烦恼，也会给人际关系带来很多隐患。当然，当众发泄愤怒的情绪，对于解决问题也没有好处，往往会使交往双方都陷入尴尬之中，也让人际关系无法修复。

要想彻底解决这个难题，避免各种难堪情况的发生，最好的做法就是不要触犯对方的逆鳞，不要触碰对方的痛处。唯有保持和平共处的基调，才能让交往更加顺利进展。否则，如果不知不觉中就得罪了君子，也大张旗鼓地得罪了小人，还如何在这个社会立足和生存呢？如果说龙身上的逆鳞是有形的，是可以避免触碰的，那么人的痛处则是无形的，我们必须更加深入地了解他人，也要更加用心与他人相处，才能有效避免触碰他人的痛处。

大军和二军是两兄弟，当初父母盖房给他们娶媳妇的时候，为了兄弟俩能住在一起相互照顾，特意给他们申请了相邻的宅基地，建好的房子共用了一堵墙。然而，兄弟俩虽然关系不错，但是在各自娶了媳妇之后，媳妇间的相处却有很大的问题。大军媳妇和二军媳妇就像是天生的仇人一样，总是见面眼红，又因为两家相邻，所以矛盾纷争不断。

有一天，大军媳妇不知道为何和二军媳妇吵闹起来，二军媳妇伶牙俐齿，把大军媳妇说得哑口无言。突然，大军媳妇说："你这个作风不好的人，有什么资格和我说三道四……"大军媳妇话音未落，二军媳妇就跑到家里关起门哭天抢地。原来，二军有几年一直不在家，所以传言说她与村子的某个男人有染。大军媳妇这句话可算是戳中了二军媳妇的心窝。二军回到家里，听到媳妇的话气愤不已：作为大嫂，这闲话别人还没传，居然由她来说！二军越想越生气，当即从家里拿了一把菜刀冲入隔壁大军家里。大军媳妇害怕极了，还以为二军被气疯了要行凶杀人，没想到二军把手往大军家的桌子上一放，一刀下去，一根手指被切断。从此之后，大军和二军形同陌路，再也没有任何往来。

在这个事例中，姑且不说外界对于二军媳妇的传言是真是假，但是作为大嫂，大军媳妇的确不应该故意提起弟媳妇痛处，这也是在羞辱二军。为此，二军才会愤怒异常，彻底断绝与大军的关系。在村子里，亲兄弟之间相处成这样，会授人以柄，招致村子里的人笑话。

现实生活中，每个人每天都要与形形色色的人打交道，与其在与他人的相处中变得被动，不如先做好准备工作，从而在与他人相处时保持愉悦。唯有如此，才能最大限度给予他人更好的对待，也才能在与他人建立良好人际关系的基础上，给予我们自己更愉快的生存环境和更多的发展机会。

遗憾的是，总有些人自以为聪明，把自己看得高高在上，也为了自己的聪明而沾沾自喜。殊不知，人外有人，天外有天，每个人都觉得自己比别人更加聪明，每个人都愿意被赞美，而不愿意被批评和否定。在此基础上，我们一定要端正心态，正确认识自己，不要觉得自己聪明就不可一世，也不要认为自己知道了别人很多的隐私和把柄，就肆无忌惮。在微妙的人际关系中，知道得越多，越应该管好自己的嘴巴，低调做人，谨慎做事。唯有如此，才能经营好人际关系。

沟通艺术：很多人常常因为各种各样的原因，在人际关系中陷入各种困境，所谓祸从口出，言多必失，就告诉我们为人处世在进行人际沟通的时候，一定要组织好语言，处理好人际关系，从而才能最大限度地做好自己，也维护好他人的隐私。

●●职场上，薪资也是保密项●●

很多职场人士意识到，人在职场中不是什么话都可以说的。为此，他们谨言慎行，从来不在职场提任何关于隐私的问题，也不随便与其他人说三道四，更不传播流言蜚语。除了敏感话题之外，还要注意薪资也是职场上的保密项，很多公司都实行保密薪资的制度，更不应该随便询问他人的薪资。

随着社会的发展，在各行各业中，不同职务的人，甚至是相同职务的人，他们的薪资水平也是不同的，因而很多公司采取保密薪资制度。在这种制度下，就出现了一种奇怪的现象，即大家虽然作为同事，但是并不知道彼此拿多少薪水。有些好奇心强的人，还会故意猜测或者是询问，一不小心就触动了职场上的沟通禁忌，导致沟通不顺畅。实际上，作为职场人士一定要知道一点，那就是既不要把自己的薪资告诉他人，也不要随意询问他人的薪资。

遗憾的是，总有些好奇心强的人，对于他人口袋里到底有多少钱，对于他人付出劳动之后能够得到多少报酬，总是按捺不住自己强烈的好奇心。记得还有人专门在人气很旺的论坛上发布如何才能快速知道同事薪酬的秘诀，也许有些人觉得这样的帖子很无聊，但是有人马上点击开这个帖子，认真研究其中的内容。实际上，只要是有一定职业素养的人，都不会轻易表明自己的工资，更不会以此为借口询问他人的工资。打探他人工资，就像是询问一位女士的年龄，或者是询问一位女士的体重一样，总是让人尴尬和恼火的。当不合时宜地问出这个问题时，就要做好被拒绝回答的准备，即使得到对方含糊其辞的搪塞，也不要觉得难过。归根结底，对方没有义务告诉你这个问题的答案，而你更是连问都不应该问的。所以尴尬不是别人给你的，而是你自找的，这样一来，你自然谁也怨不着。

从本质上而言，打听别人的薪水毫无意义，因为就算知道了别人的薪水是多少，又有什么用呢？如果对方的薪水比你的薪水更高，那么你会感到心里失落，非常痛苦，但是又无法改变现状，因为你的薪水多少并不是由你说了算的。假如对方的薪水没有你高，因为你告诉对方你的薪水，所以对方会觉得心中愤愤不平，甚至影响工作。尤其是当遇到冲动的人，在知道你的薪水比他更高的情况下，也许会去上司那里质问：为何某某的薪水比我的高？那么上司一定会追究他是如何知道你的薪水的，如此一来，你不免给上司留下扰乱人心的恶劣印象，说不定未来几年的加薪都与你无缘。总而言之，每个人都应该努力做好自己的工作，而不要总是随意打听他人的职场隐私。只有踏踏实实、兢兢业业地工作，才能得到相应的报酬，也才能不断地提升和超越自己。

张周和罗飞是一起进入公司的新人，也是工作上的搭档。在共同成长的过程中，他们你追我赶，在工作上有很优秀的表现。然而，在工作一段时间之后，张周发现罗飞花起钱来大手大脚，看上去明显比自己的日子过得滋润。于是，张周忍不住打听："罗飞，你现在的薪水是多少？"罗飞很惊讶，当即反问："你不知道吗？"张周也很惊讶："我怎么可能知道呢？"罗飞说："咱俩的薪水不是一样多的吗？咱们一起进入公司，一起成长，从事的工作内容也相似啊。"张周说："我听老同事说，公司里不允许相互打听薪水，就是因为每个人的薪水都是不一样的，有的时候，也存在同工不同酬的现象。"听到张周的话，罗飞突然玩兴大发，说："既然如此，我们不如把工资都写在纸上，然后一起展示出来，看看到底一样不一样。"

结果让张周和罗飞大吃一惊，张周的月工资是五千八，罗飞的月工资才四千二。张周后悔不已，原本他以为罗飞的工资比他高，所以他才想问出个究竟，却没想到罗飞的工资比他低了很多，张周很担心罗飞去找老总摊牌，那就把他的饭碗也砸了，因而赶紧安抚罗飞。罗飞终究是愤愤不平，后来，罗飞虽然没有牵连张周，但还是去找了老总，在针对薪水问题没有谈拢之后，罗飞愤然辞职，张周因失去了一个好搭档懊悔不已。

在这个事例中，张周原本是怕自己吃亏，才问罗飞的薪资待遇，却没想到点了炮，导致罗飞发现自己的薪水没有张周多，对于工作也就未免三心二意起来。还因为找老总申请加薪不成，愤然辞职，要不是张周多嘴，罗飞工作上表现一贯良好，也不至于失去工作。从这个角度而言，在职场上打听薪水就是一把双刃剑，很容易伤害自己，也会伤害身边的人。所以人在职场，固然要与同事搞好关系，但也要摆正自己的位置，管好自己的嘴巴，不要口无遮拦什么都问，否则会很尴尬，也会出现难以解决的难题。

在职场上，每个人都不要盲目地与别人比较，而要更多地与自己比较。只有增强自己的实力，让自己的能力与薪水相符，才能更进一步提升自己的水平，从而获得更高的薪水和报酬。

沟通艺术：人在职场，不要盲目比较，否则会导致自己的心态失去平衡，也会扰乱他人的心绪。人只有踏踏实实做好自己的本职工作，才能让自己在职场中发展顺利，也才能在职业生涯中有更好的表现。

后　记

　　人每天都在说话，然而真正会说话、擅长沟通的人却少之又少。大多数人看似滔滔不绝，但是只限和熟悉的人之间，一旦遇到陌生人，他们马上就蔫头耷脑，如同霜打的茄子一样完全没有了士气，这就是害羞导致的。实际上，每个人有很多机会要与陌生人交往，尤其是在第一次认识陌生人时，必须掌握搭讪的技巧，才能最大限度地激发起陌生人交往的热情，也才能如愿以偿地与陌生人相识，建立良好的人际关系。人与人相处是从陌生到熟悉，包括父母和孩子，相信很多父母在第一眼看到孩子的时候同样会觉得很陌生。

　　当被问及是否会说话这个问题时，很多人会觉得惊讶：妈妈说我很早就会说话，十个月的时候就能牙牙学语了，为何要问我这个问题呢？的确，除非生理方面有缺陷的人，大多数人都会说话，这是毋庸置疑的。但是当你一不小心说出一句话就把人噎住时，当你急于表达却找不到合适的词语时，当你在汇报工作时原本以为能够得到领导的认可和赏识，结果却被领导一通训斥时，你总会情不自禁地怀疑自己是否真的会说话。

　　常言道，会说的人说得人笑，不会说的人说得人跳，这就告诉我们即使是同样的内容，如果换作不同的人去表达，或者让同一个人以不同的方式说出来，也会有截然相反的效果。所以，就算我们会说话，能把话说得不错，也依然还有很大的进步空间。现代社会提倡终生学习，也就是说每个人都要坚持学习，坚持充实自己，才能适应这个日新月异、瞬息万变的时代和社会。对于沟通，我们也要以发展的眼光去看待，不要因为自己小时候伶牙俐齿，就误以为自己现在也能把话说好；不要觉得自己曾经在学校的演讲比赛中获得过冠军，就误以为自己在进入工作岗位之后依然能当众把话讲好。这个世界上，万事万物都处于不断的发展和变化之中，我们作为生存的主体只有时常自我反省，推动自身不断向前发展，才能与时俱进，日日常新。

关于沟通的重要作用，已经无须赘言。在人际交往中，一旦缺少交流，就会产生无数的误解，也会导致人际关系进展艰难。尤其是作为新时代的年轻人，我们更要意识到沟通的重要作用，也要打起十二分的精神让自己在沟通中与时俱进，不但要准确接受和了解他人传达的意思，也要能够合理恰当地表达自己，只有实现双向的信息交流，在交流过程中保持力量的均衡，才能最大限度地发挥沟通的力量，让沟通在人际相处中起到积极有效的作用。今天，你说话了吗？当你尽量把每句话都说得恰到好处，你一定会有惊喜的发现！